中國妖怪故事
植物與器物篇
管家琪◎文
LOIZA◎圖

前言

熱鬧紛陳的妖怪世界

中國靈怪傳奇由來已久，最早是起源於上古神話時代的圖騰崇拜，以及自然崇拜，基本精神就是「萬物有靈，物老成精」。《山海經》裡就有一大堆動植物的靈怪，到了秦漢之際，當時的社會氣氛比較特別，巫風很盛，無形之中也促進了靈怪傳奇的發展。不過，就文學角度而言，一般學者都公認靈怪故事是到了唐代以後才真正的成熟，從「志怪故事」的層次一躍而成為文學性濃厚的「傳奇」了。

而細數中國靈怪傳奇故事，我們會發現動物靈怪的作品明顯的占了大多數，有學者甚至估計占了三分之二，其他才是植物靈怪、器物靈怪（譬如鏡子、枕頭等等），和一些不易歸類的雜怪。

想來這和童話寫作有些類似；在童話故事中，也是以動物為主人翁的作品要占大多數。分析其中原因，大概無非是因為動物本身能跑能跳，能在天上飛，能在水裡游，還能發出聲音，能有動作，甚至好像還會有表情，跟人類的感覺最為接近，好像天生就有一定的靈性，用來作為故事的主人翁似乎是很順理成章的。同時，動物與人類接觸和相處的機會也很多，人類對於動物無論是外表或是習性的觀察也很容易，而在看得多了、觀察細膩之後自然也很容易激發想像。

無怪乎廣義上的「童話」一直都是包含了神話、民間故事以及靈怪故事，我們現在概念中屬於「兒童文學」中的童話那還是近代形成的。想來無論是成人或兒童其實都很需要童話，同時，想像力也是我們與生所俱來的一種能力。

這一套「中國妖怪故事」系列一共分成三本，分別是《中國妖怪故事：動物篇》、《中國妖怪故事：植物與器物篇》以及《中國妖怪故事：雜怪篇》，取材自

《搜神記》、《太平廣記》、《醉茶志怪》、《子不語》、《續子不語》、《南皋筆記》、《廣群芳譜》、《幽明錄》、《淞隱漫錄》、《二刻拍案驚奇》等，我們用說故事的方式，把中國妖怪故事做了一個系統化的整理以及說明，不過對於故事本身都做了一些處理，在保留原來的情節架構之餘，有的是在文字上更淺白些，有的是在敍述上希望能夠更生動些，有的是把其中嚴重的漏洞稍做補強，當然，更多的改編還是為了處理成適合讓小朋友以及青少年朋友閱讀。希望大家喜歡。

器物篇

植物篇

形形色色的樹妖

在植物類的妖怪故事中，樹妖占了大多數。

不過，必須先聲明的是，在民間故事〈天仙配〉（又名〈董永和七仙女〉）中，那棵為男女主角證婚的老槐樹不能算妖怪，因為那棵老槐樹本來是不能說話的，是七仙女為了想跟董永成親，暗中施了法力，老槐樹才突然開口說話（在黃梅戲中到了這個段落，老槐樹還會唱上一段）。在徐克導演的《倩女幽魂》一片中的那個樹妖應該也不算，因為這部電影是根據《聊齋誌異》中〈聶小倩〉這個故事改編而來，而在原本的故事裡頭並沒有明確描述有什麼樹妖，只說聶小倩是被妖魔所控制，同時在最後當聶小倩拜託寧采臣把自己的屍骨挖出來重新安葬的時候，告訴寧采臣自己是葬在一棵白楊樹下。後來在電影中和俠客燕赤霞大戰的樹妖是原著中沒有的角色。

那麼，怎麼樣才算是樹妖？這跟評定動物妖怪的標準是一樣的；有一句古話，「天反時為災，地反物為妖。」也就是說，判斷一棵樹是不是樹妖，主要就是要看它有沒有違反大自然的規律。

比方說，按正常大自然的規律，樹是可以砍倒的。當然，這個原則僅限於地球上所有的樹，月亮上吳剛成天在砍的那棵桂樹雖然怎麼也砍不倒，但是在民間傳說中從來沒有人會說那棵桂樹是樹妖。

如果有一棵樹，居然砍不倒，那就是妖怪。在《搜神記》中就有這麼一個故事。

這是發生在春秋時期的故事。

據說在秦文公二十七年，在武都一座祠堂邊突然冒出一棵巨大的梓樹，秦文公覺得這是不祥之兆，就派人去伐樹，誰知道伐了一整天，卻怎麼也砍不倒，因為每次一砍下去總會立刻風雨大作，然後剛剛才被砍開的口子就立刻重新合上。

後來，伐樹的人數愈來愈多，居然達到了四十人，但還是拿這棵梓樹一點辦法也沒有，其中有一個士兵還受了傷。

當疲憊不堪的士兵們紛紛退出樹林去休息時，那個受了傷的士兵因為行動不便，便躺在樹下，結果意外聽到一段對話。

「作戰很累吧？」（發話的不知是誰，但想必是一個妖怪。）

「不，一點也不累。」（回答的一定就是樹妖。）

「秦文公一定不會罷休的。」

「他又能拿我怎麼樣呢？」

「如果他派三百個人都穿上紅色的衣服，披頭散髮，用紅色的繩子纏繞樹幹，然後一邊撒灰一邊砍你，你還能不被困住嗎？」

這句話說完以後，樹妖就沉默了。（和樹妖對話的那個傢伙簡直是跟樹妖有仇啊，居然就這樣把如何對付樹妖那麼複雜的辦法都說了出來。）

於是，那個士兵趕緊回去報告。第二天，他們按照指示，這回砍開的口子果然就沒能再合上，大家拚命砍了幾天，忽然從樹心裡噴出了一道青光，然後竟然有一頭青牛順著光跑了出來，並且很快的就潛入附近的河流不見了。

除了砍不倒，如果一棵樹的汁液不正常，那這棵樹肯定也是妖怪。有這麼一則關於一代梟雄曹操的故事，暗示曹操之死是跟樹妖有關（有很多民間故事都是以歷史人物作為主人翁，這個故事就是這樣的情形）。

話說在建安二十五年正月，曹操在洛陽為了修築宮殿，砍伐了一些樹（沒說是什麼樹），結果從樹幹裡頭竟然流出了鮮血，後來工人又去挖掘一些梨樹，想要把這些梨樹移開，可是不小心挖傷了樹根，樹根竟然也立刻流出血來。

想想那個場面，確實是挺駭人的，據說曹操就是由於憎惡此事，因此生病臥床，當月就死了。

書上是說「魏武惡之」，是「惡」不是「懼」；「魏武帝」就是指曹操。

此外，就像四季更迭有一定的自然規律一樣，果樹結果如果不按照自然規律，那也必然是有妖怪在作怪。

在《南皋筆記》有這麼一個故事，叫做〈桔妖〉，故事裡的樹妖就是一棵果樹，是一棵桔子樹。

傳說在江北有一戶姓賀的人家，院子裡有一棵桔樹，本來按照常規每年都是在秋季會結果，有一年，這棵桔樹竟然一反常態，在陽春三月果實就已經掛滿了枝頭，全家人都非常高興。

可是，有一天夜裡，桔樹下忽然出現了歌聲，仔細一聽歌詞，竟然是——

今年桔柚垂垂熟，
家人含笑主人哭。
不知明年桔柚時，

主人家中更有誰？

這些歌詞聽起來實在是太不祥了，賀家的主人更是又驚又懼，覺得這就是衝著自己來的，從此心神不安，沒過多久竟然病倒了，然後差不多過了一年，到了第二天的春天就死了。

賀某在臨死前，把家人都叫到床前，對大家說：「我終於知道為什麼去年三月桔樹會突然結果，因為，『桔』就是『訣』，就是代表我要和你們永別了啊！」

（桔，有兩個發音，第一個是「ㄐㄧㄝˊ」，譬如桔梗；第二個是「ㄐㄩˊ」，而這個音念起來和「訣（ㄐㄩㄝˊ）」是滿像的。可能用某種方言念起來感覺會更像。）

後來，大家在聽說了賀家的變故以後，都相信是桔妖作怪的緣故。

在《太平廣記》中也有一篇關於桔妖的故事，篇名叫做〈崔導〉。

據說唐朝在荊南這個地方，有一個人，名叫崔導。

崔導家本來很窮，有一年，崔導不知怎麼搞的忽然福至心靈的想要種桔子樹。說也奇怪，自從一開始種桔子樹以後，他的家境就明顯的轉好，於是他就愈種愈多，到後來竟然種了上千棵桔子樹，每年的收成都很好，崔家也就從此富了起來。

這樣過了好一陣子，有一天，崔家的桔子園發生了一件不可思議的事。幾個工人臉色煞白、跌跌撞撞的跑來向崔導報告，說有一棵桔子樹忽然變成一個身高一丈多的男子，而且那個男子現在就在屋外，想要求見崔導！

崔導從門縫裡偷看，果然看到一個陌生男子站在外頭，想到工人說這個人是從一棵桔子樹變的——那不就是妖怪了嗎？

崔導嚇壞了，堅決不肯接近那個男子。

男子也很固執，崔導不見，他就不肯走，一直在外面苦苦哀求，說是有重要的話要告訴崔導。

後來，崔導沒辦法了，只得在眾多僕從的陪伴和守護之下，戰戰兢兢的接見了這個陌生人。

陌生人看到崔導，倒像是看到了老熟人一樣，似乎絲毫沒有生疏之感。

他幽幽的對崔導說：

「我前生欠了你百萬餘錢，還沒有等到償還完畢我就死了，我的家人以『當事人已經死亡』這個理由賴掉了這筆帳，你就到天上去告狀，結果你告贏了……」

崔導聽得目瞪口呆。

男子繼續說：「上天命令我全家統統轉世變成桔子樹來為你幫工還債，今天我是特地來告訴你兩件事——」

崔導屏氣凝神的聽著，連大氣都不敢喘一下。

「第一，我前生欠你的錢已經全部都還完了，你應該知足，所以你要趕快把桔子樹統統砍掉，然後老老實實的度日，這樣就可以保證你全家平安，要不然上天就可能會降下災禍；第二，上天可憐我這個家族，所以允許我恢復本相，希望你給我一棟破房子，讓我耕種為生。」

崔導聽了之後，大驚失色，但是稍稍回過神來一想，他對陌生男子所說的話非常相信，於是完全照辦，一方面為男子蓋了一間房，另一方面馬上下令砍光所有的桔子樹。

家人見崔導居然要把這些形同是「搖錢樹」的桔子樹統統砍光，都拚命阻止，但是崔導心意已決，堅持要砍。

崔導本來就是一個老實、守本分的人，他很明白之所以要他把桔子樹統統砍掉，就是要他千萬別貪心的意思；試想，既然人家前生欠自己的錢都已經還清了，如果自己還要繼續靠著這一大片桔子園來賺錢，不就等於是在賺不義之財了嗎？

崔導的人品雖然高尚，但他對於理財顯然是很不擅長。就在砍掉所有的桔子樹後，僅僅才不過五年，崔導去世了，崔家竟然又變成像從前那麼窮。

而那個住在崔導幫他蓋的屋子裡的男子呢，不知道從什麼時候開始也消失不見，再也沒有人看過他了。

有些大樹，如果在型態上看起來很像一個人，總會給人一種陰森和不祥的感覺。

在《搜神記》中有一個故事，顯示當樹木一旦有了人形，那可是一個大大不妙的徵兆。

話說在漢成帝永始元年二月，在河南郡街郵亭有一棵樗樹，突然莫名其妙的有了驚人的變化。

（樗，是一種落葉喬木，皮粗粗的，葉片有些臭味，所以又叫做「臭椿」。因為樗的樹皮粗鬆，沒什麼用處，所以古人會以「樗材」來自謙，表示自己沒有才幹。）

這棵樗樹發生了什麼變化呢？說起來還真的滿嚇人的，就是突然長出了一些枝條，怎麼看、多少人來看都覺得很像是一個人頭，細到連眉毛、眼睛和鬍鬚都清晰可辨，只差沒有頭髮。

凡是看過這棵檮樹的人都覺得非常恐怖。

又過了幾年，到了漢哀帝建平三年十月，又發生了類似的怪事——在汝南郡西平縣遂陽鄉有一塊斷木倒在地上，竟然長出了樹枝，看起來很像是一個人的樣子，身子呈青黃色，臉是白色，頭上還有頭髮和鬍鬚，並且這個木人竟然還會逐漸長大！

這個異象令老百姓都感到驚恐不已。

後來，有一本《易傳》的書上就說，樹木如果長成人的樣子是一個惡兆，表示君王德行衰微，地位卑賤的人就會乘機興起。

在那之後不久，果真就發生了王莽篡位的事情。

如果把這個小故事和真實的歷史軌跡對照一下，會發現還滿吻合的。

首先，漢成帝劉驁（就是與「中國古代四大美人」之一趙飛燕兒女情長的那位君主），十九歲登基，四十六歲病故，在位二十七年之間，在文化建樹方面做了兩件值得載入史冊的大事，那就是為後人留下了一份被公認為是世界上最早的太陽黑子記載，同時，還留下了中國古代關於哈雷彗星最詳細的一份觀察紀錄。

由於成帝無子，在位晚期因為身體多病，使他意識到應該盡快立一個太子，於是決定從藩王中來挑選，最後挑中的是定陶王劉欣。劉欣是成帝的姪子，後來繼位的時候也是十九歲。

有一句成語「斷袖之癖」，就是出自哀帝劉欣的典故。根據歷史記載，漢哀帝是中國歷史上唯一一位同性戀皇帝。他專好男寵，特別寵愛董賢，為了把董賢弄到身邊，就不斷給董賢升官，這麼一來，董賢就能夠很自然的經常見到皇上了。

有一次，董賢陪皇上午睡，皇上先醒，看到自己的衣袖被董賢的身體壓住，為了不吵醒董賢，為了想讓董賢再多睡一會兒，皇上寧可用刀子把華麗的衣袖割斷，這就是「斷袖之癖」的由來。

哀帝在位不到六年，病故的時候才二十六歲。之後的平帝，則是在年僅十三歲的時候遭到王莽的毒殺。從此，王莽篡位，所謂代漢自立，而整個漢朝也就因為插進了這麼一段為期十七年由王莽主政的新朝，而就此分為西漢與東漢；新朝之前是西漢，之後是東漢。

在漢哀帝的時候，還發生了另外一件怪事。

建平三年，在零陵這個地方，有一棵大樹倒在地上。

這棵大樹粗一丈六尺，長十丈七尺。老百姓砍斷它的根，發現它的根部長達九尺多，都已經完全乾枯了。

怪異的是，到了陽春三月，春天來了，萬物復甦，這棵連根部都早就乾枯的大樹居然也重新又活了過來，而且據說還自己又回到了原來的地方！

《易傳》對此也有評論，當然也說這是一個惡兆。

看到這裡，大家會不會覺得以上所介紹的樹妖好像都還太斯文了一點？下面就來介紹三個會弄出比較大動靜的樹妖。

第一個故事叫做〈交城裡人〉，出自《太平廣記》。

話說在交城縣往南十幾里，入夜之後經常會有怪物出現，很多走夜路的人都曾經碰過，凡是碰到過的人都形容是一個凶神惡煞的巨人，很多人都因此被嚇出一身病來，嚴重一點的還因此一病不起，丟了性命。

這個怪物究竟是怎麼來的？又該如何對付？大家都沒有一點概念。為了這個怪物，南郊的百姓都感到很傷腦筋，除了盡量避免走夜路之外，似乎就想不出別的對策了。

這樣過了好長一段時間，有一個人必須走夜路經過這裡。因為之前早就風聞這附近一到晚上就會有怪物作祟，因此，這個人做了相當萬全的準備。

他提著弓，背著箭，打定主意只要一碰到怪物就一定要跟它大戰一場，絕對不認輸，更不會逃走。

走著走著，當他來到交城縣南郊的時候，果然看到一個龐然大物迎面而來！

這人定睛一看，覺得這個龐然大物看起來真的很像巨人，好像還穿著一身的紅衣服，然後用黑布蒙著頭，正邁著蹣跚的步子，有些東倒西歪、好像喝醉了酒似的一步一步慢慢的走過來。

儘管心裡很害怕，也很緊張，但是這個人還是滿勇敢的，面對不知名的巨人，仍然努力保持鎮定，趕緊彎弓搭箭——

一箭射出，正中巨人！

（呃，其實啊，既然是巨人，目標那麼大，想要射不中恐怕也很難吧！重點是這個人在如此緊張危急的時刻，還能夠把箭順利射出，如果是嚇得手腳發軟，只怕是連想射也射不出了。）

這小小的一箭，對巨人來說居然還滿有殺傷力的。巨人中箭之後，就節節後退。

這個人也不追趕，就這麼看著巨人消失在夜幕之中。

他定了定神，繼續向前趕路，往北走到一家旅館，向店主人說了剛才在路上所發生的一切。

店主人感到非常驚奇，也很佩服此人的勇氣；因為他還是頭一個敢對抗這個怪物的人。

第二天，店主人一早要到縣城，途中無意間看到外城西邊有一棵丹桂樹上竟扎著一支箭，還扎得很深，拔下來一看，箭頭上沾滿了血，而箭的樣子跟昨天晚上來投宿的那個客人箭桶裡的箭一模一樣！

店主人馬上就把這件怪事報告到縣衙裡去。很快的，縣令就派人不僅把這棵丹桂樹砍倒，還放了一把火給燒了。

從此以後，交城縣南郊就再也不曾有怪物出沒了。

原來，之前的那個怪物是一個樹妖，就是那棵丹桂樹在作怪啊。

第二個故事叫做〈盧虔〉，同樣是出自《太平廣記》。

盧虔是萬陽人，曾任右散騎常侍，在唐朝貞元年間曾經派駐在洛陽擔任東台御史。

洛陽有一處老宅，建築看起來非常雄偉，做工相當考究，院子也非常寬敞，大樹成蔭，盧虔一看到這座老宅就非常喜歡，當場就表示想要買下來。

可是，找人一問，當地人卻說，這座老宅不吉利，大家都懷疑有妖怪，之前凡是住在這裡的人經常會突然無緣無故的死亡；就是因為這個緣故，這座老宅已經閒置多時，早就沒有人居住了。

盧虔對於這種說法嗤之以鼻，「哪裡會有這種事！就算有妖怪，我也會把它降服的。」

說罷，盧虔在當天晚上就帶著一名部將直接住進老宅，然後交代僕人都在遠離這座老宅的地方過夜。

（盧虔此舉的用意顯然還是為了保護家僕，以免家僕遭到無妄之災。）

那名部將向來非常勇猛彪悍，尤其是能使得一手好弓箭，盧虔讓他手拿著弓箭就坐在前門門廊下守著。

眼看就要夜深了，一切都很平靜。就在盧虔準備就寢的時候，聽見外頭有人敲門。

部將大聲問道：「來者何人？」

「柳將軍給盧御史寫了一封書信。」

意思就是，外頭敲門的人是來送書信的。

不過，盧虔的架子還真大，哼了一聲，「什麼柳將軍？不認識，別理他。」

然而，柳將軍卻固執得很，堅持非要盧虔看到自己的信不可。因為，明明盧虔已經不予理會，可是過了一會兒，一封信卻突然從天而降，而且非常精準的就落在盧虔的面前。

盧虔就順手拿起來看看。只見字跡非常纖細，而且墨跡未乾，似乎是剛剛才寫好的。署名是「柳將軍」。

這封信一開始是試圖跟盧虔「說理」。柳將軍說，這裡是他的家，已經很多很多年了，就連這裡的門神也都是他的奴隸，如今盧虔未經允許就擅自闖入他的家，還大模大樣的住了下來，這難道是合理的嗎？……

柳將軍還希望盧虔能夠將心比心，苦口婆心的勸道，如果是有人擅自闖入盧虔的家，並且把盧虔的家據為己有，難道盧虔能夠同意嗎？能夠不找對方理論嗎？……

「說理」完畢，柳將軍開始威脅了；先是嚴厲的指責盧虔做法不當，要求他盡速離開，免得像以前那些人一樣死於非命。

說來也怪，盧虔才剛剛讀完信，這封信就忽然化作灰燼，散落殆盡。

（怎麼那麼像《不可能的任務》啊？在《不可能的任務》中，當湯姆・克魯斯一聽完指令，那些錄音帶或是CD什麼的不是也馬上就自動銷毀了嗎？）

儘管如此，盧虔還是完全置之不理。這麼一來，柳將軍可沉不住氣了。

只聽到空中有人說了一聲：「柳將軍前來拜見盧御史！」

說時遲、那時快，院子裡就忽然出現了一個高大的惡鬼！

盧虔和他的那名武將一看到這個大鬼，心裡應該還是吃了一驚吧，但是他們都非常的處變不驚。

（或許是他們看到大鬼手中的武器並不厲害的關係？因為——）

大鬼手上拿著一個大大的瓢。

什麼是瓢？就是古人用來舀水或是盛東西的器具，是用葫蘆或是木料製成。

（一個大鬼居然拿著這麼一個武器？就算這個瓢比較大，但還是一個瓢啊……）

盧虔馬上下令，叫部將先把那個瓢給射掉。

部將得令，立刻彎弓搭箭，一箭射去，正中那個瓢！

大鬼似乎嚇了一大跳，扔下瓢就迅速往後退。

盧虔和部將同樣也不追趕，只是提高警覺，繼續嚴陣以待。

果然，過了一會兒，大鬼似乎不甘心，再次出現在院子裡，而且這回逼近了正屋，還彎下腰，往裡頭瞪視著，模樣相當恐怖。

盧虔和部將都不怕。還不等盧虔下令，那名部將就已經再度朝大鬼射擊，這回一箭射中了大鬼的胸部！

大鬼慘叫一聲，似乎真的被震攝住了，馬上落荒而逃。

盧虔和部將都看到大鬼是朝著東邊的方向逃走。

接下來一直到天亮，一切都很平靜，那個大鬼再也不曾回來過。

天亮之後，盧虔命部將率人追蹤惡鬼的蹤跡，一路追到老宅東側的一片空地上，只見這裡有一棵高達一百多尺的大柳樹，樹身上還插著一支箭！

原來，這就是「柳將軍」啊。

柳將軍在晚上的時候已經不怎麼厲害，現在大白天的盧虔更是不會怕它了——盧虔馬上下令砍倒這棵大柳樹，還當場就把它劈了當成是木柴燒掉！

從此，那座老宅就再也沒有什麼怪事發生。

這樣過了一年多，當人們重新修建這座老宅的時候，在屋頂的瓦底下發現了一個很大的瓢，大約有一丈多長，在瓢的把手上也有一支箭。這就是柳將軍拿著的那個瓢啊。

前面那個柳將軍好像還是不夠厲害，讓我們再來看看下面這個故事吧。這個故事叫做〈櫻桃精〉，出自《子不語》。

這個故事的背景設定是在清朝。主人翁叫做熊本。

話說熊本在做太史的時候，在北京的半截胡同租了一棟房子，與編修莊令相鄰，兩個人經常在一起飲酒談天，興致來了還會一起詩詞唱和。

有一年秋天，在中秋佳節的前三天晚上，莊令又在家中設宴邀熊本過來小酌，一起賞月，兩人正喝得高興，並且正在高談闊論的時候，莊令的家人匆匆進來，說來了客人，有點急事要與莊令商量。

「好吧，我馬上來。」

莊令起身，再三向熊本致歉，說了一聲「我馬上回來，兄台請隨意」以後，就匆匆離席而去。

熊本也不以為意，心想反正都這麼熟了，而且他料想莊令應該不久就會回來，果真就不拘禮數，打算就自己一個人先獨酌一番。

沒想到，怪事發生了。

當熊本剛剛替自己的酒杯斟滿美酒，然後放下酒壺，正要舉杯湊近嘴巴的時候——

咦？熊本真不敢相信，低頭又看了一眼——

怪了，酒呢？酒到哪裡去了？剛才不是明明斟滿了一杯酒，可是怎麼才一眨眼，酒杯就空了？

「我沒喝醉吧？」熊本嘟囔著：「還沒這麼快吧？還是是我記錯了？——」

他覺得實在很納悶，想了一想，又斟了一杯。

這回，他一斟滿，在把酒壺放下的同時，兩眼就緊緊盯著酒杯，連眨都不眨一下。

忽然，一隻藍色的手從茶几下面伸了上來，而且一摸就摸到了那杯酒！

熊本大驚，立即張口大喊，並且本能的趕緊跳開。

這時，一隻渾身深藍色的怪物整個兒的從茶几下方鑽了出來。

熊本嚇壞了，一邊呼救，一邊用最快的速度奪門而逃！

然而，稍後當莊家的人紛紛拿了棍棒之類趕來的時候，屋子裡靜悄悄的，什麼也沒有。

熊本竭力解釋方才所看到的那恐怖的一幕，可是他感覺得出來，大家似乎都不大相信。

很快的，莊令回來了，聽說了剛才的騷動之後，他也不信，馬上就對熊本說：

「恐怕是你喝多了，醉眼迷茫，看花眼了吧！」

「我哪有喝多，才沒有——」

「還說沒有，小弟才離開那麼一會兒，你就把一壺酒都喝光了，這還不多啊？」

「那不是我喝的！」

「好吧好吧，」莊令笑道：「照兄台這麼說，在這個屋子裡躲著一個愛喝酒的妖怪，那今天晚上兄台敢在這裡住上一晚嗎？也許那個藍色的怪物還會出來，到時候也許兄台可以把它抓住，讓我們瞧瞧！」

熊本聽得出莊令話語中那番揶揄的意味，很不高興。

再說，熊本原本也一直自認是一個男子漢，哪裡經得起這樣的激將法？於是，馬上就脫口而出道：「好啊，今天晚上我就睡在這個屋子裡，不走了！」

不多久，在熊本的堅持之下，莊家人只好真的為他準備好被褥，讓他在這個屋子裡過夜。

不過，熊本哪裡睡得著？他緊緊抱著寶劍，心想這把寶劍可是大將軍年羹堯所送的，想當初年大將軍就是帶著這把寶劍在平定西藏亂事的時候，立下赫赫戰功，他就不相信這把寶劍鎮不住那個藍色的妖魔鬼怪……

想著想著，夜深了，就在熊本開始打起瞌睡，正強打著精神的時候，忽然聽到茶几上酒杯翻倒的聲音。

熊本心想，偷酒賊，你可來了。

他更加握緊了寶劍。

就著月光，他看見妖怪了。這一次妖怪不是從茶几下面鑽出來，而是從窗外進來——只見窗戶一拉，一條藍色的毛腿就伸了進來！

熊本舉起寶劍，正準備要鼓起勇氣衝上前去，忽然，半個人從東窗飄了進來！說「半個人」，是因為飄進來的這個「人」真的只有半個腦袋和半個身子，再配上一隻眼睛、一個耳朵還有一隻手，至於鼻子和嘴巴也都只有半個。

熊本呆掉了。

轉瞬間，從西窗又飄進來「半個人」，跟剛才那「半個人」簡直就是一模一樣。

只見兩個「半個人」進屋之後，在屋內亂飄了一陣，然後就忽然合在了一起，並且立刻變成了一隻青面獠牙、全身都是深藍色的妖怪！

妖怪張開血盆大口，一步一步的朝熊本逼近——

熊本心想，自己可能要死定了，但是死也要死得像個男子漢，不能坐以待斃，無論如何都還是要拚死一搏！

這麼一想，他就鼓起莫大的勇氣，高舉寶劍，然後一劍就朝著那個妖怪刺了過去！

接下來，也不知道是年羹堯所贈的這把寶劍確實很厲害，還是這個妖怪太虛有其表，總之，中了一劍之後，妖怪似乎大吃一驚，隨即竟然轉身就逃！

熊本見狀，哪裡肯輕易罷休，馬上提起寶劍在後追趕！

他一路追到院子，始終緊緊跟在妖怪身後，東跑西跑的在院子裡追了好一會兒，一直追到一棵櫻桃樹下，那個妖怪就忽然不見了！

熊本回到那個房間，看見東窗下還滿是血跡。

第二天一早，他立刻就向莊令敘述了昨天夜裡發生的事，並且帶著莊令找到了那棵櫻桃樹，樹身上還有明顯的血跡。

莊令得知家裡居然真的有妖怪，大驚失色，立即命家僕把那棵櫻桃樹給砍了，並且馬上燒掉！

說也奇怪，在這又砍又燒的過程中，很多人都聞到了濃濃的酒氣。

年羹堯在歷史上是確有其人，他出生於西元1679，卒於西元1726，是清朝響噹噹的軍事人物，官至四川總督、川陝總督、撫遠大將軍等，平定西藏、青海亂事是年羹堯主要的軍功。年羹堯的一生頗富戲劇性，曾經受到雍正皇帝極大的推崇，但最後竟然也是被雍正皇帝賜死。這個故事扯上年羹堯，多半應該還是藉著寶劍來襯托年羹堯的赫赫軍功吧。

前面所說的〈櫻桃精〉的故事，樹妖喜歡喝酒，喜歡嚇人，不過也有好些樹妖其實是滿友善的，甚至還會「以德報怨」。

接下來就來看看一個故事，篇名叫做〈聶友〉，出自《太平廣記》。

很久以前，在吳國豫章郡新淦這個地方有一個人，名叫聶友。因為家貧，聶友經常出外打獵。這個故事就是聶友在一次打獵的時候發生的。

那天，聶友在山林間看到一隻白色的鹿。白色的鹿，這本身就不大尋常了，聶友很想得到牠，就一箭射去！

（好狠心啊。）

這支箭正中了白鹿，但是當下還並沒有要了牠的命。白鹿帶傷逃走，聶友就在後頭緊追不捨。

奇怪的是，聶友明明對附近的地形相當熟悉，又非常善跑，並且善於追蹤，可是他循著地上的血跡追著追著，血跡卻忽然憑空消失了，他找了又找，硬是沒有任何發現。

聶友很困惑。這時他也累了，還很餓，於是就地坐下來，靠著一棵梓樹的樹幹休息。

過了一會兒，他覺得休息得差不多了，正在考慮還要不要再

繼續追蹤和尋找那隻白色的鹿，無意間一抬頭，看到自己的箭竟然就釘在這棵梓樹的某一根樹枝上！

由於在民間概念中，「鬼」在白天是不會出來的，聶友心想，那麼自己一定是見了妖了？既然有妖，自然就要除妖。

聶友先轉身回家。他把這件奇異的事告訴大家，然後吆喝了眾多鄰里，大家帶著工具和乾糧，在聶友的帶路之下，又回到

那片山林，回到那棵梓樹的前面。

「哪，就是這一棵，」聶友指著上面那根樹枝說：「你們看，那就是我的箭。」

一棵大樹居然會中箭，而且仔細辨認的話，好像還可以在樹枝中箭的地方看到一些血跡，這真的是太詭異了，大家都嘖嘖稱奇。

不過，他們都不怕，馬上合力砍倒了這棵梓樹！

在砍樹的過程中，樹身還流了好多血。

之後，聶友把樹幹鋸成兩大塊木板，拉回家中，然後就扔在附近的池塘裡。

（聶友此舉有些令人費解，照說木材忌水，他偏偏把這兩塊木板丟在水裡，難道是想要用水來「鎮」住妖怪嗎？）

這兩塊木板畢竟是來歷有些特別，跟一般的木材不同；一般的木材，一旦被丟進水裡都會浮起來才是，可是這兩塊木板卻是沉到了水底，在接下來的日子，它們就一直待在池塘的底部，偶爾才會又浮上來。

不多久，聶友就發現，每當這兩塊木板從池塘底部浮出水面的時候，家裡就會碰到好事。

（所以說這個樹妖還挺以德報怨的嘛，聶友和同伴把它給砍了，它似乎一點也不記仇，反而還做起喜鵲「報喜」的工作來了。）

接下來的發展真是愈來愈充滿了童話的味道。

首先，大概是木板浮出水面的時候多了，聶友開始把這兩塊木板當成了交通工具，也就是把它們當成了兩隻小船，這樣以水路出行就方便多了。

除了出行，聶友也會用這兩隻小船去接朋友。有時，走著走著來到河道的中心時，這兩塊木板會忽然沒來由的開始慢慢下沉，把坐在上面的人都嚇得半死。不過，這個時候，只要聶友大聲喝斥一下，這兩塊木板就會趕快乖乖的、穩穩的浮在水面上。

感覺上這兩塊木板好像滿調皮的啊，又或者是跟聶友有了感情了？

後來，聶友開始做官，官運相當亨通。有一回，當他在丹陽擔任太守的時候，一天，一早起來，赫然看見這兩塊木板竟然出現在他官舍的院子裡！

聶友的心裡非常不安。他是這麼想的：這裡距離家鄉有一段不算短的距離，現在這兩塊木板突然出現在這裡，一定是有什麼緣故，莫非——家裡出了什麼事？所以這兩塊木板是特地前來報信的？

古代通信不便，又不能立刻打個電話求證一下。聶友想著想著，益發的坐立不安，急得要命，很快便乾脆辭職回家去了。

故事到這裡還沒結束。故事最終的壓軸是——這兩塊木板居然好像很體念聶友一定是歸心似箭，竟然還大顯神通，幫助他回家！

怎麼幫呢？

只見聶友把兩塊木板一左一右挾在自己身體的兩側，結果真是健步如飛，只花了一天的工夫就到家了！

這個樹妖到最後對聶友所表現出來的真的還頗義氣的啊。這恐怕也是一個典型的人類本位的妖怪故事吧。

樹妖喜歡做什麼？能做什麼呢？我們已經看到有的樹妖喜歡喝酒，有的樹妖會預報吉凶，還有的樹妖喜歡做生意。

接下來我們就來看看在《太平廣記》裡的一則比較特別的故事，篇名叫做〈宣平坊官人〉。

不過，嚴格說起來在這個故事裡頭，作怪的好像不是單純的樹妖……

我們還是趕快來看故事吧。

從前，在京都宣平坊這個地方，有一個賣油的人，名叫張帽。

張帽賣油的時間不長，不過因為物美價廉，差不多可以說打從他一開張以來，生意就非常好。

每當有同行問張帽：「你的油味道總是那麼好、那麼醇，而且居然還那麼便宜，到底是怎麼辦到的？你做了什麼才可以把價錢壓得那麼低？這其中的竅門到底在哪裡？」

張帽卻總是神祕的微微一笑，什麼也不肯透露，只是默默的拉著自己的那頭驢子，繼續默默的賣油。

直到一個多月以後，張帽的祕密才在無意中曝光。

那天晚上，一個做官的老爺在回家的路上，經過一個狹窄的拐角，差一點迎面撞到了張帽。當時，張帽正拉著驢子，驢背上像往常一樣馱著兩桶油。做官的幾個手下都大聲喝令叫張帽讓路，態度非常粗魯，張帽卻很不服氣，他覺得應該是讓自己先走才對，於是，難得開口的張帽就這麼跟那些手下爭執起來。

吵了半天，那些人見張帽孤身一人，態度居然還敢這麼強硬，就有了恃強凌弱的念頭，不僅態度愈來愈凶，其中一個甚至還出手打了張帽一拳，正好就打在張帽的頭上！

這一打，可不得了！

原來，這個張帽啊很會吵架，卻很不經打，腦袋才剛剛挨了一拳，居然就整個兒的掉下來了！

眾人大駭，就在大家的驚愕之中，已經沒有腦袋的張帽居然還動作迅速的轉身就跑！

一個膽子比較大的人，立刻追趕！很快就追到一所大宅院，然後跟著跳了進去，很快又追到一棵大槐樹下——

這時候，那個無頭鬼就突然消失不見了。

在後援趕到以後，大家把這家宅院的主人找來，告訴他，懷疑大槐樹下有什麼東西在作祟，然後大家就一起拿著工具，朝著大槐樹的樹根開始拚命的挖。

挖著挖著，挖到幾尺深的地方，在一根枯樹根下，大家竟然發現了一隻個頭滿大的癩蝦蟆！

再仔細一看，這個癩蝦蟆在身體兩側挾著兩個筆帽，筆帽裡盛滿了樹汁。

這還沒完；在癩蝦蟆的旁邊有一個很大很大的白色蘑菇，但是蘑菇的那個傘蓋已經掉落下來。

於是，大家稍一琢磨，便得出這麼一個結論：原來，那個白色的蘑菇成精，便成了賣油的張帽（怪不得他會叫這個名字啊，「帽」大概就是指蘑菇的傘蓋吧），癩蝦蟆變成那頭馱著油的驢子，兩個筆帽就是兩個油桶，而張帽所賣的油呢？自然就是樹汁了！

總之，世間原來並沒有什麼物美價廉的油，原來這些統統都是怪物變化而成。消息傳出以後，以往對張帽的油總是讚不絕口的鄰里們，一個個都稀里嘩啦的吐了。

這大概也是難得一見的黑心食品吧。

哪些樹會作怪？哪些樹有可能成為樹妖？這似乎沒一個標準，什麼樹都有可能；到目前為止，我們看到了梓樹、桔樹、丹桂樹、柳樹、櫻桃樹、大槐樹等等，其實，就算是枯樹，也可能成精。

在《太平廣記》中，就有一個這樣的故事，篇名叫做〈江夏從事〉。

從前，在江夏一帶，有一個擔任從事的小官，在他所住的官衙經常會發生怪事。

什麼樣的怪事呢？就是每到夜深人靜的時候，就會出現一個黑色的巨人，身上很亮，模樣很恐怖，有些膽小的人一見就被嚇出病來，甚至還有人被活活嚇死。

這個事情令這個小官深以為苦，就派人到處打聽尋找有沒有什麼道行很高的能人，能夠來收拾這個妖怪。

經過了一段時間，一位名叫許元長的人，被帶到小官的面前。

「我不管你用什麼辦法，反正你一定要盡快降服這個鬼怪。」小官下令道。

當天晚上，許元長就坐在堂屋西邊的房簷下，靜靜的等待。

他等了許久，到了夜深的時候，巨人忽然出現了。

許元長動作很快，馬上非常沉穩的發出了一道符。

僅僅是一眨眼的工夫，那道符就直直朝著巨人飛去，然後「劈里！」一聲，就正中了巨人的胳臂！

那條巨大的胳臂在轉瞬之間就掉落到地上！

巨人號叫著逃走了。許元長上前一看，地上那條胳臂竟然變成了一截枯樹枝。

第二天，許元長就向主人（也就是那個小官）報告，說自己的符此刻一定還貼在怪物的本尊上，只要派人在這附近尋找有沒有什麼枯樹就可以了。

小官立即傳令下去，要大家搜尋附近有沒有被貼了一道符的枯樹。

很快的，大家就在堂屋的東北角發現了一棵枯樹，許元長的那道符果然還貼在上面。

這棵枯樹有一段枝枒很明顯是剛剛才折斷的，許元長說，這一定就是巨人的胳臂。

緊接著，大家馬上合力把這棵枯樹給砍倒燒掉。從此，這裡就再也沒有出現過什麼怪事了。

在眾多關於樹妖的故事中，能夠跟「愛情」這個主題扯上關係的並不多，跟愛情有關的多半是花妖（下篇會介紹），《搜神記》中的〈韓憑妻〉算是樹妖故事中一個比較少見的特例。

在戰國時期，很多豪門貴族的家裡都會有些門客，這些門客被稱為「舍人」。當時宋國的國君宋康王的家裡也有不少舍人，其中有一位名叫韓憑。

韓憑的妻子何氏非常美麗，夫妻之間也相處得相當和睦，感情很好。沒想到，如此幸福的日子卻在一夜之間那麼輕易就崩塌了。

只因為宋康王在無意中發現韓憑的妻子居然長得那麼美，於是，竟滿不講理的把何氏給強奪了過來，就這麼霸占了。

愛妻被奪，韓憑的心裡自然是怨恨不已。宋康王得知以後，遂下令把韓憑抓起來，還罰他要做四年的苦役。

（在封建時代，當權者就是這麼的無法無天啊。）

何氏在知道這個消息以後，非常悲憤。

想了又想，她下定了決心……

於是，她偷偷寫了一封信，派人祕密的送去給韓憑。

信上只有一首詩，裡頭有這麼幾句：

「其雨淫淫，河大水深，日出當心……」

儘管這首詩寫得很隱晦，韓憑知道妻子一定是擔心萬一被查獲，會為他們兩人惹來很大的麻煩，所以才不敢寫得太明白，但是，他完全能夠讀懂妻子想要表達的意思。因此，韓憑在看了以後，默默的流下淚來。

不料，這封信後來還是被查出來了。

宋康王拿來一看，一點也看不懂，便把這封信遞給左右大臣，叫大家一起來猜。

有人便對宋康王說，「其雨淫淫」的意思是表示哀愁和思念，「河大水深」是表示現在兩方阻絕，不能往來，而「日出當心」則流露出尋死的念頭。

宋康王一聽，非常生氣，馬上下令一定要把何氏看好。

過了沒多久，韓憑真的自殺而死。

（難道何氏送那封信給丈夫，就是在約丈夫殉情嗎？）

而何氏呢，自從把那封信送出去以後，她就開始積極進行一項計畫；之前她曾經偶然得知在洗滌衣服的時候不能夠加入某種東西，否則衣料就會很容易受損敗壞，但是現在她反其道而行，偏偏交代侍女在洗衣服的時候就是要加入大量那種有害的物質。

也就是說，何氏在暗中不斷悄悄毀損自己的衣服，希望能夠把自己的衣服弄到一扯就破、一扯就爛。

有一天，宋康王帶著何氏登上一個高台去欣賞風景，對於何氏來說，這是一個她等待已久的機會！——

她趁眾人不備，就毫不猶豫的從高台上縱身一跳！

周圍雖然有人動作很快馬上就抓住了何氏的衣服，想要把她抓住，但是，因為何氏的衣服早就已經經過特別處理，非常脆弱，一抓就裂開了——

可憐的何氏就這樣當場摔死了！

何氏死後，侍女在她的衣帶上發現了她的遺言，上面只有一句話，希望宋康王發揮一點仁心，讓她與韓憑合葬。

（很多地方都有夫妻合葬的風俗，何況是像他們這樣恩愛的夫妻呢。）

可是，會做出奪人之妻這種壞事的宋康王，哪裡會有什麼仁心？

所以，宋康王看到何氏的遺言，非但不理會何氏最後的請求，反而還憤怒的下令故意把他們夫妻倆的墳墓隔得大老遠，並且還惡狠狠的說：「哼，想要合葬？做夢！我就要讓你們遙遙相望，碰都碰不到！」

沒想到，在很短的時間之內，這兩座墳頭竟然都分別長出兩棵梓樹，同時這兩棵梓樹還都以飛快的速度生長，很快就長高長大，樹幹樹枝都紛紛向對方靠攏，沒多久兩棵樹的樹枝就已經完全交纏在一起了。

很多人都相信，這兩棵大樹的樹根在地底下一定也是互相交錯，密不可分。除此之外，還有兩隻鴛鴦，一雄一雌，總是棲息在樹上，早晚都不離開，永遠都是緊緊依偎在一起，然後不斷悲哀的鳴叫，聽到的人都覺得分外感動。

後來，宋國老百姓都很同情韓憑和他的妻子何氏，就把這兩棵樹稱為「相思樹」；據說，「相思」的說法就是從這裡開始的。

在很多地方如果兩邊行道樹的樹枝在天空交錯，我們都會稱之為「綠色隧道」，大概是因為看到兩棵原本獨立的大樹樹枝居然會交錯在一起，總會給人一種比較唯美的想像，所以才會有這樣的故事吧。

妖怪故事一般總給人荒誕和迷信的感覺，不過，這裡有兩則關於樹妖的故事，倒是挺反迷信的，在眾多妖怪故事中也算是獨樹一幟。

從前，在南頓縣（今天河南項城西）有一個人名叫張助。

有一天，張助在田裡種莊稼，無意中看到一顆李子核，便順手撿起想要丟掉。丟到哪裡呢？就在這時，他看到附近有一棵空心的桑樹，樹洞間有一點土，一時心血來潮，就把剛才那顆李子核扔了進去，還順便把沒喝完的水也倒進去澆灌一下。

這本來只是一件沒什麼特別意義甚至還有些無聊的舉動，張助也沒在意。第二天，張助就出門去了；這是他原本就有的計畫。

他這一去，就去了一年多。

在這一年多的時間裡，這裡慢慢有了些變化……

首先，是有人在非常偶然的情形之下，發現這裡有一棵奇樹，那就是一棵李樹居然會從桑樹中間長出來！或者說，在桑樹中竟然長出了一棵李樹！

「這可真是太奇怪了！」這個人馬上就奔走相告。

不少人聽到了這個消息，都好奇的跑來一看究竟，看了之後也都覺得確實是很不可思議，因為按常理根本就沒有辦法來解釋為什麼在桑樹的中間會長出一棵完全不相干的李樹。

後來，消息愈傳愈廣，開始有人在想，這麼一棵特別的奇樹，會不會是老天爺送給他們的禮物？這棵奇樹是不是能夠幫他們什麼忙？

這個問題，只有用時間以及事實來證明。

有一個患了眼病的人，首先認定這棵奇樹一定具有某種神奇的力量。他來到奇樹面前，對著奇樹誠心禱告：「李樹神君啊，如果您讓我的眼病痊癒，我一定會拿一口豬來答謝您！」

（奇怪，為什麼他認定是「李樹神君」，而不是「桑樹神君」啊？）

說來也怪，在這番禱告過後，這個人的眼病雖然沒有完全痊癒，可至少是大有改善。

這個人很高興，馬上四處宣傳：「李樹神君真靈！我一禱告，眼病就好多了！」

大家聽了以後都很驚奇，頻頻說：「真的？那實在是太神、太厲害了！」

於是，「李樹神君」的名聲就此傳開，而且愈傳愈廣，也愈傳愈神，到最後變成「只要來拜一下李樹神君，保證什麼毛病都立刻沒有了」！

一年多以後，張助從外地回來。在快要接近家鄉的半途時，一天，在客棧裡休息，和別人聊天，別人一聽說他是南頓人，馬上就說：「啊，你們南頓有一棵神樹啊，對不對？」

「什麼神樹？」張助一頭霧水。

「咦，你不是南頓人嗎？」

「是啊，我是南頓土生土長的。」

「那你怎麼會不知道你們家鄉有這麼一棵神樹？包治百病啊！」

「怪事，我怎麼從來沒有聽說過──這棵樹在哪裡？有什麼特徵嗎？」

「在哪裡我倒也不是很清楚，但是聽說只要到了南頓，隨便一問很容易就可以找得到，聽說那裡經常有很多車馬停在附近，幾乎每天都有很多人來祭拜哪！──對了，我想起來了，這棵樹真的很特別，我跟你說啊，在桑樹的中間居然會長出一棵李樹哪！」

「在桑樹的中間長出一棵李樹？──」張助想了半天，硬是毫無概念。

不過，過了不久，當他一回到家，簡直快要昏倒了！──

「你們在這裡幹麼啊！」張助大叫一聲，非常吃驚。

原來，那棵所謂的神樹，就在他家的田埂邊啊！

看到果真有這麼多人圍著「神樹」在大拜特拜，再仔細看看那棵「神樹」，張助終於明白過來，原來這棵神樹根本就是自己在無意之中所製造出來的。

這可真是「無心插柳柳成蔭」啊。

於是，張助首先把圍在樹前的人都統統趕跑，然後一邊嘟囔著「這有什麼好拜」，一邊就把神樹給砍掉了。

這個故事出自《搜神記》。

想想故事中的張助也真夠「大膽」的，他怎麼知道這棵「奇樹」被大家拜著拜著不會就突然真的變出一個什麼「李樹神君」或是「桑樹神君」了呢？在《太平廣記》裡就有另外一個故事是說，樹本來是沒有什麼神、也沒有什麼精怪的，都是被拜出來的。

傳說在很久很久以前，在京洛一帶有一個雕刻師傅。

有一天，這個師傅到外地去，途經一段山路，偶然間發現路旁有一棵大槐樹，樹蔭能夠遮住幾畝地，而且或許是出於一種職業本能，師傅注意到在這棵大槐樹的根部長著四個大大的樹瘤，走近一看，他估計每一個樹瘤都有至少能盛幾斗米的甕那麼大。

「真好啊！」師父摸著這四個樹瘤，喜歡得不得了，心想要是能夠把這四個樹瘤鋸下來帶回去，一定可以雕刻出很棒的東西。

但是，此刻他的身邊沒有鋸子、斧子之類的工具，同時又沒有幫手，就他一個人，怎麼可能把這四個頂好的樹瘤給弄下來呢？

不如，他先照常去辦事，等回程的時候帶上工具，再叫一些人來幫忙？

可是，師傅又想，萬一等他回程的時候，這四個樹瘤已經被別人捷足先登搶先一步弄走了怎麼辦？

他愈想就愈覺得這也不是沒有可能，所謂「無巧不成書」啊，只要又來一個同行，而且這個同行或許正好有工具也有人手，那還會放過這四個樹瘤嗎？他看得出來這四個樹瘤的價值，別人也看得出來啊。

這個師傅想了半天，想出一個辦法，希望能夠讓別人都不會來打這四個樹瘤的主意。這麼一來，這四個樹瘤就可以等到他回程經過這裡的時候再來處理了。

他想的主意還真特別。

師傅打開隨身衣箱，從裡頭找出幾張紙，然後當場做成許多紙錢的樣子，再把它們分別繫在那四個樹瘤上面。

他這麼做的用意是什麼呢？

原來啊，他是想要故意製造神祕。這些繫在樹瘤上面的「紙錢」是想傳遞一個訊息——這可不是一棵普通的樹，這可能是一棵神樹，瞧這些「紙錢」，不是有人祭拜的證據嗎？

師傅心想，只要住在這附近的人認定這是一棵神樹，自然就不會有人敢來砍伐它了。

師傅就這樣忙了好一會兒，做了一番手腳以後，才繼續踏上旅程。

過了幾個月，他循著原路，帶著好幾個工人以及充足的工具又特別來到這裡，想要把那四個樹瘤鋸下來帶走。

不料，才僅僅相隔幾個月，這裡的光景就已經大不相同了——

只見不僅是四個樹瘤上面繫了好多紙錢，整棵大樹的樹枝上到處都繫著好多紙錢，在大樹前面甚至有人還設了一個專門讓人燒香祭奠的地方！

這就是說，這棵樹真的被這附近的人當成是一棵神樹了！

「真是無知啊。」雕刻師傅笑道，隨即就指揮著工人，準備伐樹。

沒想到，就在這個時候，樹旁忽然冒出一個身穿紫衣的人，大聲喝叱道：「不准碰這棵樹！」

大家都吃了一驚。

可是，雕刻師傅沒被嚇著，馬上就問：「你是誰？」

紫衣人莊嚴的說：「我是這棵樹的樹神，這些香火就是證據。」

「胡扯，這棵樹哪裡有什麼樹神，」師傅說：「一開始那些紙錢是我弄上去的，為的只是怕有人先我一步搶走那些樹瘤，你有什麼理由阻止我砍這棵樹？」

令雕刻師傅意外的是，自稱樹神的紫衣人立刻就向他解釋，沒錯，一開始這棵樹確實是沒有什麼樹神的，但是自從師傅做了那些手腳，把這棵樹打扮成一棵神樹之後，附近居民就開始經常前來祈禱祭拜，後來，冥間官府知道了，就派了一個樹神過來。

說著，紫衣人還擺出一副威嚴的樣子對雕刻師傅說：「如果你不聽警告，非要砍伐這棵樹，會為你招來禍害的。」

然而，這番警告一點也沒把師傅給嚇到，他還是堅持要砍這棵樹，否則那四個頂好的樹瘤就實在是太可惜了。

紫衣人大概是看威脅沒用，又開始跟師傅講理，就問道：「你要這些樹瘤做什麼呢？」

「當然是雕刻成器具，然後賣一個好價錢啊。」

「既然如此——可不可以用高價跟你贖呢？」

師傅倒也爽快，馬上就說：「可以啊，給我一百匹絹就行了。」

「好，我給你一百匹絹。」

（絹在古代可是很值錢的。）

「可以啊，怎麼給？」

紫衣人指示道：「在前面五里地的地方，有一座倒坍的墳，絹就在裡面，你去拿吧。」

「真的？沒有騙我吧？」

「當然是真的，你儘管去取，如果沒有，你再回來找我。」

師傅聽了以後，就依言找到了那座坍墳，果真從裡頭得到了一百匹絹，一匹都不少。

問題是那一百匹絹會不會是人家的啊？不過，像這個雕刻師傅似乎神鬼都不怕的人，或許就算是從別人的墳裡拿東西也不會覺得害怕吧，他或許會想，反正是一座坍墳，八成是沒有什麼後人，否則哪一家的主人會讓自己先人的墳頭坍掉而置之不理？既然是一座無人理會的坍墳，又不是去盜墓，大概也就無所謂了吧。

外強中乾的草妖

除了樹妖，植物類的妖怪當然還有別的，比方說草妖。不過草妖的故事很少，大概是因為相較於大樹而言，草的生命力脆弱得多，實在是不容易讓人產生什麼詭異的聯想吧。在這裡我們就介紹兩個草妖的故事，都是出自《太平廣記》。

第一個故事叫做〈鮮卑女〉。

據說在晉朝有一個士人，買了一個名叫懷順的鮮卑女奴。

（無論是東方或是西方，只要是在古代，因為還沒有人權思想，所以人口買賣是司空見慣的事。）

懷順說，從前還在家鄉的時候，她姑姑的女兒曾經被妖怪糾纏，後來竟因此而死，非常可憐。

那個妖怪是什麼樣子呢？據說是一個青年男子，長得很俊秀，總是穿著一身紅衣服，告訴女孩他們兩人是鄰居。

自從認識了這個男子以後，女孩的精神就有些恍惚，經常一個人傻傻的唱歌，每天快要入夜的時候都還會特別精心打扮，然後跑到屋後，說是要跟情郎相聚。可實際上在他們家後面根本就沒有什麼別的人家。

這家人感到非常的困擾，一方面在暗地裡觀察，一方面到處搜查，有一天終於在屋後發現了一株紅色的赤莧草，女孩衣服上的一點布料還纏繞在這株赤莧的莖上。

家人認為是這株赤莧草成精作祟，就把它拔掉。當天，女孩一發現赤莧草沒了，就號哭大叫，鬧了一夜，到了第二天就死了。

其實莧菜有青紅兩種顏色，會不會是因為紅色的蔬菜十分少見，才會使人產生怪異的想像呢？

第二個故事的篇名叫做〈劉皂〉。

從前，有一個人名叫劉皂。他是彭城人，一天，因為得罪了西河太守，在一時氣憤之下，當天就棄職回家。

他一路疾行，很快便進了汾水關。當他走到靈石縣南邊的時候，已經是半夜了。

這時，他忽然看到有一個人站在路旁，形狀怪異，劉皂的馬兒受到了驚嚇，猛然立了起來，劉皀就從馬上摔了下來。

緊接著，馬兒就在驚恐萬狀的情況之下嘶鳴著跑掉了。被單獨留在黑暗之中的劉皀，心裡自然是非常害怕，他才剛剛掙扎著坐起來，還沒搞清楚是怎麼回事，那個怪人就已經走上前來，然後一言不發就動手強脫劉皀的袍子，一脫下來就馬上套到自己的身上。

劉皀認定自己是碰到了強盜，也不敢反抗。

幸好，這個強盜只搶衣服，其他什麼也沒搶，就放劉皀走了。

劉皀就這麼往西一直走了十幾里遠，看到一家客棧。

客棧老闆看他如此狼狽，神情也有些古怪，試探性的問道：「客官，

您這是怎麼了？」

「碰到了強盜。」劉皂說。

想到那個高大又有些怪異的身影，劉皂不由得心有餘悸。

不料，在聽了劉皂的描述以後，老闆告訴他：「客官啊，實話跟您說吧，您碰上的十有八九不是強盜啊——」

「不是強盜？——那會是什麼？」

老闆說：「我們這個縣城的南邊在夜裡經常會鬧妖怪——」

「妖怪？什麼妖怪？」

「不知道啊，到現在都還沒有人弄得清。」

第二天一早，正巧有人從縣城南邊那個方向過來，一進客棧就對眾人說：「好奇怪啊，我在城南野地看到一叢蓬蒿，長得很高，乍看很像一個人的樣子，而且蓬蒿上還披著一件青色的袍子，真是太奇怪了！」

劉皂聽了，十分好奇，也十分納悶，馬上決定要走回頭路去看看。

客棧老闆和一些鄰里都熱心的跟在後頭。

等到一找到那叢高大的蓬蒿，劉皂一眼就看到自己那件青色的外袍果然還披在上面。

這時大家才明白過來，好一陣子以來原來是這叢蓬蒿在興妖作怪！

於是，大家馬上一把火就把這叢蓬蒿燒掉。從此，這一帶就再也沒有出現過妖怪了。

蓬蒿其實也就是茼蒿，大詩人李白曾經在詩句中提到過它：

仰天大笑出門去，

我輩豈是蓬蒿人？

意思是說，「我怎麼可能會是平凡之人？」

沒想到，在妖怪故事中居然也看得到蓬蒿的身影，而且這好像是一個愛漂亮的妖怪，因為它除了搶劉皂的外袍，並沒有做什麼別的壞事啊。

少見的植物類妖怪

我們介紹了樹妖和草妖，接下來不妨再介紹一點其他植物類的妖怪。

現在，我們就先講一個也是出自《太平廣記》裡的故事，叫做〈趙生〉。

這個故事的背景發生在唐朝天寶年間。

據說有一個姓趙的讀書人，出生於書香門第，祖輩都因文章學問而聲名顯赫，幾個弟兄也都早早就中了進士而當了官，唯獨他一個始終還是平民老百姓。不是他不努力，無奈因為天資不夠，因此一直到了壯年都還是與科舉無緣，他內心的鬱悶真是可想而知。

有一天，他帶了一大堆的書籍，獨自隱居到深山裡，然後搭了一座簡陋的茅屋，日夜苦讀，發誓不念出個名堂就絕不回家。然而，他天生腦子就是不好使，愈是苦讀卻愈是沒效果，反而還愈念愈糊塗，這到底該怎麼辦啊？

這樣過了一陣子，有一天，一個穿著一身破衣的老頭來拜訪趙生，開口就說：「你躲到這裡來念書，想必是為了求取功名，可是我看你念了半天怎麼好像還是開不了竅啊？」

趙生嘆了一口氣說：「唉，我天生就笨，這些書讀了半天就是琢磨不透上面所講的精義，我也知道想要求取功名

怕是希望渺茫了，但是，我不會放棄的，就算是自得其樂吧。」

這時，老頭就說：「我雖然沒有什麼辦法可以助你一臂之力，不過我仍然希望你能夠來拜訪我一回。」

這句話雖然是說得不清不楚，不過趙生大概是隱隱感覺到老先生或許可以幫助自己，就還是立刻向老先生請教住處。

老頭說：「我是段家的人，我的家就在山西大木之下。」

說完，老頭就不見了。

趙生覺得很奇怪，心想一定是碰到了妖怪，可是，他也不怕，反而是立刻放下書本，就出發前往山西去尋找老頭的蹤跡。

趙生找了很久，後來找到一棵高大繁茂的椴樹（經常被用來製作家具），趙生想起那個神祕的老頭曾經說自己是「段家的人」，便猜測所謂「段家」指的是不是就是這棵椴樹？於是，他就找來一把鐵鏟，開始往樹根下挖。

（這種拜訪的方式可真是奇怪啊。）

挖了一陣，居然掘出一個很大的人參，有一尺多長，而且趙生愈看就愈覺得人參的模樣很像之前來看望自己的那個老頭。

（是啊，人參的樣子確實是有一點「嚇人」，太像人形了。）

趙生想起曾經聽人家說過，說只要吃了能夠成妖作怪的人參，就能治病。

（大概就是類似《西遊記》中那些妖怪總說「吃一口高僧唐三藏的肉就能長生不老」的邏輯吧。）

於是，接下來，他竟然真的就把這個人參帶回家，洗乾淨，然後就——吃掉了！

說也奇怪，吃了這個人參之後，趙生的腦筋好像一下子就突然開了竅，不但對所看的書見解十分精到，還能夠觸類旁通，舉一反三。過了一年多，終於也考中了進士，後來又做了好多年的官才過世。

人參的模樣看起來著實太像人形，總讓人看著看著就不免會有些毛骨悚然，想來這一類的妖怪故事大概也就這樣自然而然的孕育而生了吧。

下面這個故事出自《廣群芳譜》。

話說從前有一個年輕人，名叫朱嘉，他在幼年時就跟著王玄真出家為道，師徒倆住在山上，生活中一個主要的內容就是得經常採藥。

有一天，朱嘉正在一條小溪邊洗蔬菜，洗著洗著無意間一抬頭，看到兩隻小花狗在溪邊互相追逐著玩耍。

看到這個景象，朱嘉第一個反應不是「好可愛喔」，而是──「好詭異啊」──！

因為，他和師父待在這山上也不是三兩天了，這附近從來就沒見過什麼小花狗，這兩隻小花狗是從哪裡來的？

想到這裡，朱嘉就立刻放下菜籃去追那兩隻小花狗！

而兩隻小花狗，幾乎立刻就注意到朱嘉的動靜，拔腿就跑，並且一溜煙就不見了！

朱嘉在附近找了一會兒，沒有任何發現，就趕快回去找師父，向師父報告。

王玄真聽了朱嘉的描述，也覺得那兩隻小花狗無論是出現或是後來失去蹤影都相當蹊蹺。

「牠們後來是在哪裡不見的？」王玄真問。

朱嘉很肯定的說：「最後我是看到牠們跳進一片枸杞叢裡就不見了。」

「是嗎？快帶我去！」

稍後，朱嘉就帶著師父來到方才小花狗消失的那片枸杞叢附近。

王玄真在那附近走了好一會兒，仔細端詳，然後指定兩棵枸杞就對朱嘉說：

「挖！」

很快的，兩棵有著碩大根部的枸杞就被挖出來了！

朱嘉看著這兩個枸杞的根部，驚訝不已，因為，它們的根部不僅巨大，還很「象形」，怎麼看都很像是兩隻小花狗！

「哈哈，太好了！」王玄真很高興，馬上就讓朱嘉帶回觀中烹煮，然後師徒倆就一起吃了。

吃完以後，師徒倆一起靜坐等待。過了好一會兒，王玄真並沒有感覺到有什麼異樣，但卻真真切切看到一朵祥雲從朱嘉的腳底冉冉升起！

「啊！——」王玄真還沒來得及多說一句，朱嘉在轉瞬間就已經飛到了對面的山頭！

王玄真趕緊揉揉眼睛，定睛一瞧，只見朱嘉在雲中向自己深深的施了一個禮，說了一聲「師父，再見」，然後很快就不見了。

王玄真知道，徒兒朱嘉已經成仙去了。

在這個故事裡，其實師父王玄真還挺大方的，找到奇特的枸杞，並沒有自己一個人藏起來吃個飽，而是和徒弟朱嘉一起分享，王玄真的本意應該是師徒倆一起成仙吧，然而最後成仙的卻只有朱嘉一個人，看來就連成仙這種事也要講緣分，是強求不來的啊。

浪漫的花妖

當然，在植物類的妖怪中，還有一類可以說是大宗，那就是花妖。

或許是因為花兒給人的感覺總是比較漂亮，所以關於花妖的故事，主題泰半都是和愛情、至少也是和感情有關。不少故事的內容讀起來還頗有些大同小異。

在《太平廣記》中有兩篇關於花妖的故事，表面上看來情節就幾乎完全一樣，但是仔細一琢磨又會覺得很不一樣。

我們就先來看其中的一個故事，篇名叫做〈光化寺客〉。

從前，在兗州徂徠山有一座寺廟，叫做光化寺，四周的環境相當幽靜。

有一年，有一個儒生借住在寺裡，專心用功讀書。

一天，當他在寺廟的廊宇之間一邊散步，一邊不時隨意駐足欣賞牆上的壁畫時，身旁不遠處突然出現了一個年方十五、六歲身穿白衣的少女，正朝著他盈盈一笑。

少女長得非常美麗，儒生一看就被迷住了，再加上看少女笑得那麼友善，遂大著膽子上前攀談。

儒生問少女是從哪裡來的？少女微笑著說：「我家就在這座山裡，離這裡不遠啊。」

兩人聊著聊著，非常投機，結果一聊就聊到了大半夜。

（當然不是一直站在迴廊裡聊啦，早就轉移陣地聊到儒生的房裡去了。）

終於，夜深了，少女該走了。在她離去之前，兩人已經是情意綿綿，愛得死去活來。

少女對儒生說：「承蒙您的抬愛，不因為我是鄉野村姑就鄙視我，我發誓一定要永遠好好伺候著先生——」

看少女說得如此情真意切，儒生聽了，內心相當感動。

少女又說：「不過，今天晚上我不能久留，等下次再來的時候再多待些時候好了。」

儒生自然是捨不得讓少女走，百般挽留，但她就是堅持要走。

最後，儒生沒辦法，只得拿了一個珍貴的白玉指環送給少女，說就當作是兩人的定情物，然後依依不捨的說：「好好拿著啊，希望你快去快回，明天就來吧！」

儒生送少女出了房門，接著又送她出了光化寺。走了一小段，少女就說：「先生還是請回吧，就送到這裡吧，我怕要是家裡的人不放心跑來接我，撞見了反而不好，以後我想要出來見先生恐怕就沒那麼方便了。」

儒生想想也對，就沒堅持要繼續再往前送，在叮嚀了一大堆要少女小心的話以後，就心不甘情不願的和少女分手了。

在走回光化寺的路上，儒生仍然戀戀不捨的走個幾步就回過頭來看看少女，默默的目送著少女……

然而，接下來發生了一件奇怪的事——

儒生看到少女走了一百步左右，就忽然消失不見了。

「咦，這是怎麼回事？」儒生的心裡感到非常困惑。

這裡才剛剛出了光化寺沒有多遠，還是一片空曠，明明沒有房子、更沒有人家的啊。

翌日清晨，儒生立即又來到昨夜少女失蹤的地方。只見寺前是一片空曠，就連方圓幾里之內也是一片平坦，連幾棵稍微大一點的樹都沒有，少女說她的家就在附近，到底是在哪裡呢？昨天夜裡少女又是怎麼忽然憑空消失的呢？

儒生愈想就愈覺得不大對勁兒。

他不死心，繼續繞著光化寺附近仔細搜尋。

找了很久很久，無意中他看到草叢裡有一株百合苗，上面有一朵很大的百合花。

「好漂亮的花呀。」儒生一彎腰，把這花苗連根拔起，想帶回房裡供養在瓶子裡。

拔起來一看，這才發現這朵碩大的百合不僅是花朵大，根部也很大，居然需要他用兩隻手合圍才圈得住，無論是花朵或是根部都比一般的百合要大得多了。

拔了這株百合，儒生又繼續尋找附近有沒有什麼人家。找了幾乎一天，都一無所獲。

最後，天色漸漸暗了下來，儒生心想，算了，還是先回去吧，也許今天晚上少女來了就可以向她問個明白了。

萬萬想不到，當儒生捧著那朵百合回到房裡，正要供養在瓶子裡的時候，忽然看到花心裡好像有一個什麼東西；掏出來一看，赫然竟是昨天夜裡自己送給白衣少女的那枚白玉指環！

儒生嚇壞了，原來白衣少女是一個妖精，一定就是這個百合花的花精！除了恐懼，儒生的心裡也很後悔，因為，這朵百合花已經被他攀折下來，離開了根部，不是很快就要死了嗎？

就這樣，又驚又怕又悔的儒生，很快就恍惚成病，結果不到十天就死了。

第二個情節類似的故事叫做〈蘇昌遠〉。

蘇昌遠是一個住在蘇州鄉下的士子。在古代，蘇州一帶是個水鄉，水道四通八達，水道裡還有很多水生植物。

有一天，蘇昌遠邂逅了一個美麗的白衣女子，兩人一見如故，很快就如膠似漆起來，經常在附近的小莊園中相聚。

一天，在一番濃情蜜意之後，蘇昌遠送給女子一枚玉環，還親自為女子繫在衣帶上。

不久，在一個寧靜的午後，當蘇昌遠獨自在書房裡看書的時候，偶然間注意到房前有一株白色的荷花開得很嬌豔，忍不住靠近並且俯下身來細細的欣賞。

這一欣賞可不得了，他有了一個驚人的發現——花心裡居然有一個東西，而且拿出來一看，竟然就是他送給白衣女子的那個玉環！

蘇昌遠便把這株荷花折了下來。從此，那個白衣女子就再也不曾出現過了。

這兩個故事類似的地方是，女主角都是花精，雖然一個是百合花花精，一個是荷花花精；她們化為人形的時候都是白衣女子，白色一方面顯得相當脫俗，可以襯托出女主角的美麗，另一方面和「百合花」、「荷花」也很般配；還有，男主角都送了一個定情禮物給女主角，而最終也是因為這個禮物暴露了女主角是一個妖怪的真相。

不過，這兩個故事最大的不同自然是男主角的態度。在〈光化寺客〉中，男主角是在無意間摘下了那朵女主角生命之所繫的野百合，而且當他驚覺愛人原來是一個妖怪之後，是「又驚又怕又悔」，這個「悔」字就足以形容男主角對於女主角的情意，而在〈蘇昌遠〉中，男主角卻是先發現了花心裡的玉環，意識到愛人原來是一個荷花精，然後才動手折了這株荷花，感覺上似乎就有點兒太理智、也太冷冰冰的了。

或許是因為花兒嬌豔，本來就很容易讓人和美麗的女子聯想在一起，因此，花精一旦以人形現身都幾乎是選擇少女的模樣也就不足為奇了，而什麼顏色的花，它的花精就會穿什麼顏色的衣服，非常一致，這也成了眾多花精故事中的一個「公式」。在很多花精故事中，甚至只見男主角的名字，女主角往往都是沒有名字的，只是以所穿衣裳的顏色來稱呼。

下面我們來看一則涉及花精的故事，篇名叫做〈吳士冠〉，出自《耳實錄》。

這是一個風流小生和一個花精還有一個樹精的故事，簡直就像是一齣愛情輕喜劇。

從前，有一個豫章人，名叫吳傑，字士冠，朋友們都叫他吳士冠。

故事的開始是因為吳士冠租了一棟沈氏別墅來居住。

這裡環境相當優美，院子裡有一個池塘，池塘邊有一株柳樹，還有一棵桃樹。

（聰明的讀者一定猜得出來，我們的兩個女主角已經出現了。）

吳士冠獨自住在沈氏別墅裡，整天讀書吟詩，日子過得很平靜。不過，雖說平靜，在他內心不免經常會有些寂寞之感。有時甚至會胡思亂想，要是身邊能夠有一個美人陪伴，那該有多好啊。

一天晚上，微風徐徐，當月亮剛剛升起不久，吳士冠忽然發現在池塘邊的桃樹下好像有一個身穿淺紅色衣服的女子。他好奇的走過去一看，真是驚喜交加，原來真是一個身材苗條、長相甜美的姑娘。

這下吳士冠可樂壞了，馬上上前攀談。女子一看到吳士冠，好像有些意外，一副羞答答的模樣，急急忙忙的就想走，但是吳士冠不讓她走，厚著臉皮一直跟女子扯東扯西，就是想要把女子給留下來。

女子說自己是沈氏別墅西鄰一戶人家的女兒，因為喜歡這裡的夜景，而且因為不知道這裡住了人，所以就逕自前來欣賞，請吳士冠不要見怪。

「不見怪不見怪，當然不見怪！」吳士冠心花怒放，笑咪咪的說：「這裡只有我一個人住，姑娘高興什麼時候過來欣賞美景就什麼時候過來，小生隨時歡迎！」說罷，居然還立刻大膽提出了邀請，想現在就邀女子到書房裡去喝茶談心。

女子沒有明確拒絕，但也顯得很為難；她告訴吳士冠，今天晚上不合適，她害怕會被家人發現，還是改日再聚吧。

吳士冠雖然失望，但也沒有辦法，只得眼巴巴的看著姑娘走了。

第二天，吳士冠就不讀書也不吟詩了，花了不少時間和力氣來整理自己的房間，想要等到紅衣女來的時候能夠給她一個好印象。

他這一等，就足足等了三天。吳士冠開始懷疑紅衣女所謂「改日再聚」的說法是不是唬他的？要不然怎麼一連三天都杳無音信？

這天晚上，夜幕剛剛降下，吳士冠坐在房內，心情煩躁，不知道該做什麼才好。

忽然，響起了輕輕的敲門聲。

「總算來了！」吳士冠歡天喜地的趕緊去開門。

打開門一看——

咦，居然又是一個陌生的姑娘。這個姑娘穿著一身淺綠色的衣裳。

綠衣女一看到吳士冠，愣了一下，紅著臉說：「對不起，走錯了！我是要去阿姨家的——」

話還沒有說完，綠衣女就低著頭想趕緊走。

但是，才這麼一會兒工夫，吳士冠已經看清楚眼前這個一身綠衣的姑娘也是一樣的苗條，一樣的美麗，於是，他馬上大膽伸手拉住了綠衣女，嘻皮笑臉的說：

「沒錯沒錯，這裡就是你阿姨家，我就是你阿姨！」

綠衣女被吳士冠這番荒唐的說法弄得是又好氣又好笑。

吳士冠熱情的邀請綠衣女進來小坐，喝茶談天。綠衣女同意了。而喝著聊著，沒過多久，綠衣女便也喜歡上了吳士冠，兩人很快就熱戀起來。

綠衣女告訴吳士冠，今天晚上是阿姨打發丫鬟來叫她去一趟，誰知道她竟走錯了門，大概也算是他們有緣吧。

「是啊，有緣，真有緣。」吳士冠附和道。

眼看這麼一位如花似玉的姑娘對自己這麼情意綿綿，吳士冠真是滿心歡喜。

過了好一會兒，綠衣女要走了，吳士冠真是捨不得。後來，還是在綠衣女頻頻保證一定會盡快再來相聚，吳士冠才總算是勉強放她走了。

綠衣女走後，吳士冠獨坐燈下，回味方才與綠衣女在一起的溫存，感覺就像是一場夢。

當他正想得出神的時候，敲門聲又再度響起。

「喲，說會盡快回來，還真快呀！」吳士冠以為是綠衣女又折返回來了，趕緊奔過去開門。

沒想到，門開了，站在門口的卻是紅衣女。

吳士冠大喜過望，心想，我這是交了什麼好運道啊，居然一個晚上能得到兩個美人的垂青——

想到這裡，他一邊說「你總算來了，我已經等了你好幾天了！」，一邊趕緊把紅衣女拉了進來。

接下來，兩人也共度了一段快樂的時光。只是吳士冠察覺到紅衣女好像有些心事，眉宇之間似乎還有些不快，但是因為她什麼也沒有問，他就自然什麼也不敢多說。

第二天晚上，綠衣女又來了，一來便高高興興的拿了一首自己新作的小詩給吳士冠看，還要吳士冠評價。

吳士冠認真的讀了幾遍，覺得還滿不錯的，心裡頗感驚訝，沒想到這麼年輕美麗的女子居然還有這麼好的文采，當下就要求綠衣女把這首小詩送給自己。

綠衣女嬌滴滴的說：「本來就是要送給你的嘛。」

於是，吳士冠就把這首小詩夾在書頁裡，表示這樣可以經常有事沒事就拿出來讀一讀。

這天晚上，十分愉快。綠衣女臨走的時候對吳士冠說：「我的家人好像都沒有察覺，以後我可以經常過來了，不過——」

她擔心如果天天都過來，怕吳士冠會太累，吃不消，同時也擔心會影響他讀書，因此建議還是約好日子，定期相聚比較好。

這個建議真是正中吳士冠下懷，因為他其實也正在擔心萬一讓綠衣女和紅衣女兩個人撞見了，發現自己用情不專，那不是就慘了，所以，一聽到綠衣女「約好日子，定期相聚」的建議，馬上表示同意，然後兩人就約好，綠衣女每隔一天，也就是每逢雙號的日子過來。

「這表示雙雙對對嘛。」綠衣女嬌媚的微笑道。

又過了一天。這天晚上，紅衣女來了。一看到她，吳士冠首先就很慶幸，心想幸虧昨天晚上剛剛和綠衣女約好，要不然今天晚上兩個女子就要碰到了——

吳士冠沒機會再繼續多想，因為這天晚上紅衣女簡直就像變了一個人似的，非常妖嬈活潑，和之前那副端莊無比的形象判若兩人，看得吳士冠目瞪口呆。
不過，吳士冠仍然感覺到紅衣女在言談舉止之間，似乎總是在暗示著自己用情不專。
「沒有的事，你不要胡思亂想了……」吳士冠拚命否認。
但是不管他如何否認，顯然都還是不能打消紅衣女的懷疑。
不久，紅衣女要走了。
為了表示自己的愛意，吳士冠冒險提出一個要求——他要求紅衣女今後能否天天晚上都過來相聚？
「這個不行，不方便。」紅衣女說。
聽到這個答案，吳士冠一顆緊繃的心算是暫時落了地。他暗暗的鬆了一口氣，不過表面上卻還是裝出非常失望的樣子，「啊，不行嗎？真的不行嗎？……」
紅衣女說：「我們還是約定好相聚的日子吧，這樣吧，以後我就每隔一天過來

——」

吳士冠一聽，真是心中大喜！紅衣女說隔一天再來，那不就是正好都是每逢單號過來嗎？這真是太好啦！一個單號，一個雙號，兩個女子就這麼巧妙的避開了！

「看來這真的是天意啊……」吳士冠想著，嘴上馬上就同意了紅衣女的提議。

這樣過了一段時間，兩個女子都自然的錯開，從未相遇，這場三角戀愛也就一直保持著表面上的相安無事。只是吳士冠天天都沉醉在溫柔鄉裡，書早就不讀了，精神也日益委靡不振。

這天，紅衣女也寫了一首詩，要吳士冠點評。

吳士冠認真的讀了，儘管詩中明顯的有些在指責自己三心二意，令他感到有些不安，但是不能否認確實還是一首佳作，寫得相當好，於是，吳士冠大加誇讚一番。

沒想到，紅衣女忽然沉著臉問道：「是嗎？那依你看，究竟是我寫得好，還是那個章台柳寫得好？」

「啊？——你——你這是什麼意思？——」吳士冠面紅耳赤，結結巴巴。

紅衣女悶哼一聲，就上前從吳士冠的書頁中抽出綠衣女之前所寫的那首詩，然後丟在吳士冠面前，氣呼呼的說：「就是這個意思！你別裝了，我早就知道了！」

面對鐵證，吳士冠無法再狡辯，再加上此刻他的心裡也的確是感到非常慚愧，便不再多說，只是低聲請求紅衣女的原諒。

而紅衣女呢，大概是看情郎的認錯態度相當良好，也就此打住，並不打算得理不饒人。只見她馬上就柔聲道：「沒關係，我沒別的意思，只不過因為她不是人類，我擔心她會加害公子，所以——」

誰知道，紅衣女的話還沒有說完，忽然一陣怪風吹來，轉瞬之間綠衣女就已經出現在他們面前！

而且，綠衣女來者不善，一飄到就叉著腰，指著紅衣女大罵道：「真是笑話！

我不是人類，難道你是？」

接下來，紅衣女和綠衣女就大吵起來，兩個人都大聲指責對方是妖精，存心來破壞自己和吳士冠的感情。

這個時候，一旁的吳士冠真是慚愧萬分，尷尬不已。

「拜託拜託，別吵了，都怪我不好！」吳士冠說：「都是我太貪心，用情不專，兩邊都想討好，所以才會惹出這些風波……」

兩個女子又爭執了好半天，最後才終於慢慢達成一個一致的決定。

她們的決議是——既然如此，那就表示她們和吳士冠的緣分已經盡了，今後她們誰都不能再來找吳士冠！

因此，短短不到一個時辰，吳士冠就從一個享盡齊人之福、坐擁兩個美人的幸運兒，突然又變成了一個光棍。

對於這樣的決定，吳士冠當然很不願意接受。然而，任憑他怎麼哀求，兩個女子都已經鐵了心。

紅衣女說：「公子不必戀戀不捨，既然緣分已盡，那就放手吧。」

綠衣女也說：「是啊，天下無不散的筵席，生命無常，誰都有撒手而去的那一天，何況是像我們這樣嬌嫩的桃花以及柔弱的柳絮呢？」

說罷，兩個女子就頭也不回的走了出去，然後相偕而去。

吳士冠起初還以為紅衣女和綠衣女都是在說氣話，等到時間一天一天的過去，兩個女子果真就這樣彷彿都憑空消失了似的，再也不曾出現時，他急了，也慌了，趕緊到左鄰右舍去打聽。

這棟沈氏別墅本來就是吳士冠租來的，他對附近鄰里原本就不熟悉，但還總認為要打聽兩個年輕美麗的芳鄰應該是很容易的事，沒想到不管他怎麼問，大家都是一頭霧水，都堅稱在這附近根本就沒有像他所形容的那樣的兩個女子！

這麼一來，吳士冠算是澈底的糊塗了。

他垂頭喪氣的回到沈氏別墅，坐在池塘邊發呆。

無意之中，吳士冠看到池邊那棵桃樹，發現桃花不知何時落了一地，而不遠處的那棵柳樹也是隨風搖擺，毫無生氣。吳士冠看著看著，猛然想起綠衣女所說的那句話——

「誰都有撒手而去的那一天，何況是像我們這樣嬌嫩的桃花以及柔弱的柳絮呢……」

「啊！」吳士冠這才恍然大悟，原來——紅衣女就是那桃花，而綠衣女就是那棵柳樹啊！

接下來，儘管吳士冠已經明知道兩個女子都是妖精，但他還是非常的思念她們，希望她們能夠再度現身前來相聚，可是，任憑他如何祈求，如何盼望，兩個女子都再也不曾出現過。

（看來這兩個妖精在處理感情問題的方式和態度上到是都滿理性的嘛。）

後來，吳士冠相思成疾，在沈氏別墅又住了一段時間以後就回老家養病了。

好像在很多妖怪故事中，如果那些妖精、妖怪是以女性的形象出現，而故事主題又涉及兩性感情，男主角的健康都會受到傷害。不過，這並不是一個「鐵律」，下面我們就來欣賞一個故事，在這個故事中，男主角反而就是因為接近了一些花精，而受到了好的影響，還愈活愈年輕了呢。

這個故事的篇名照例還是男主角的名字，叫做〈崔玄微〉，出自《太平廣記》。

故事背景是在唐朝天寶年間，故事地點是在洛陽的東邊。有一位名叫崔玄微的處士居住在這裡。

（「處士」，是唐朝對於那些讀過書，有文化以及有德行的人的一種尊稱。）

除了研究學問，崔玄微也喜歡研究道術和草藥，曾經食用自己所配的草藥一吃就是二十多年。

有一年，因為家中的草藥都快吃光了，崔玄微就領著幾個僕人一起上嵩山去採藥。

一年以後，在時令剛剛進入春天的時候，他們回來了。崔玄微開始獨自居住在一個小院子裡。這裡由於長期無人居住，無人打掃，院子裡都長滿了蒿草，崔玄微花了好一番工夫才整理妥當，重新恢復了以往花木扶疏雅致動人的模樣。

崔玄微就這樣一個人生活在這片小天地裡，日子到也過得相當清靜和快活。他的家人一般沒事的話都不會到這裡來。

一天晚上，明月高掛天空，大地特別的明亮。崔玄微還沒有入睡，還在院子裡望月冥想的時候——

「咚咚咚！」一陣敲門聲忽然響起。

打開門一看，只見外頭站了十幾個人，全是女性。其中一個穿著綠裙子的女子開口道：「我們幾個要上東門表姨家去，不小心錯過了客棧，因為現在時候已經晚了，可不可以在您這裡暫住一宿？」

崔玄微心想，是啊，這荒郊野外的，如果自己不肯收留，硬是要人家去趕夜路，或是露宿野外，似乎太不近人情了，於是就慷慨的讓她們進來，招呼她們一起坐在小院子裡，還熱心的給她們沏茶。

那個穿綠裙子的女子首先向崔玄微自我介紹，說自己姓楊，然後指著身旁一個女子說她姓陶，還有一個姓李，接著又指著一個穿大紅衣服的小女孩，說她姓石，名叫阿措。這些女子，包括那個小女孩阿措，身邊都有幾個侍女陪著。

崔玄微陪著眾女子在皓月當空的院子裡坐了一陣。閒聊間，他不免問起眾女子結伴出門的緣由。

綠衣女回答道：「我們是專程來拜訪封十八姨的，說了好幾次要來探望她，但是一直沒能成行，今天我們是特地約好要一起來探望……」

正說著，忽然在門口的一個侍女奔進來報告：「封姨娘來了！」眾女子一聽，都又驚又喜，紛紛站起來跑到門口去迎接。

崔玄微自然也跟了出去。

他的心裡有些納悶，怎麼這些女子的姨娘會突然到他這裡來了？還沒來得及多想，一個雍容華貴、派頭十足的女子就迎面而來，笑咪咪的說：

「喲，真巧，你們都在這裡。這位是——」

她看著崔玄微，目光有些威嚴。綠衣女趕緊說：「是這家的主人，人很好，我們就在他家的院子裡坐坐吧，也滿舒服的。」

崔玄微隨即也表示歡迎。

「好啊，就在這裡坐坐。」封姨娘不反對，就邁著優雅的步子走了進來。剛剛落座，封姨娘就說：「難得今晚的月色這麼好，我們來小酌一番吧。」

崔玄微尷尬的說：「慚愧得很，寒舍沒有準備酒菜哪。」

封姨娘笑道：「無妨，我們有。」

說著，雙手輕輕一拍，幾個侍女馬上就從外頭陸陸續續端了很多酒菜進來，很快就擺滿了一大桌，非常豐盛。

大夥兒就這麼開開心心的喝酒談笑，還會唱歌，氣氛相當愉快。

直到過了好一會兒，發生了一件看似簡單的小事。那是封姨娘在舉杯時碰翻了酒杯，裡頭的酒剛好不巧濺到了阿措的衣裳，阿措年輕，不夠世故，可能是愛惜衣裳，居然馬上就一臉不耐的站了起來，封姨娘見狀，臉上也浮現出不悅的神情，然後說了一聲：「這小丫頭喝醉了。」

說罷，封姨娘就站了起來往外走，宣布要即刻前往南方。這也意味著這場酒筵到此結束。

不久，綠衣女等眾多女子也告辭了。

崔玄微原本以為也沒什麼，對於這天晚上的事並沒有多想。不料，第二天夜裡，綠衣女等幾個女子又來了，而且一進門，那個小女孩阿措馬上就拉著崔玄微對其他人說：「幹麼一定要去求那個封老太婆，我們請崔處士來幫幫我們不行嗎？」

阿措嘟著小嘴，語氣中有著明顯的委屈與不服氣，想必是因為前一天晚上得罪了封姨娘，被大家責怪了。

崔玄微問：「我能為各位做些什麼呢？」

阿措說：「老實告訴你吧，我們每年都會被凶惡的大風吹壞，不得安寧，因此今年我們才會想請求封十八姨的庇護，結果呢昨天晚上又因為我不懂事，得罪了她，她恐怕是不會管我們了，處士如果肯幫幫我們，我們一定會報答你的。」

聽了這番有些奇怪的話，再看看這些女子衣服的顏色，想想她們自稱姓李、姓陶、姓石……崔玄微直到這會兒才忽然意識到眼前這些美麗的女子原來都是花精，至於那位「封十八姨」，崔玄微猜想大概就是風神吧。

崔玄微說：「我很樂意幫忙，但是我也只是一個普通人，又沒有什麼特殊的本事，我能做什麼呢？」

阿措說：「只要你做一個紅色的幡，幡上畫上日月五星，在立春的早晨，當東風微微吹起的時候，趕快把幡立起來，這樣或許就可以幫助我們免除災害。」

（所謂「幡」，就是一種長形下垂的旗子。）

「好的，放心吧，我一定會照辦的。」崔玄微一口答應，並且把阿措方才的指示牢牢的記在心裡。

不久，到了立春那一天，崔玄微一早就起來了，拿著事先做好的幡，站在院子裡仔細觀察，當他開始感覺到微微的東風吹到臉上的時候，就趕緊把那個有著特殊意義的幡立了起來……

過了幾天，綠衣女等眾多女子一起前來拜謝崔玄微，感謝崔玄微的救命之恩。阿措還高高興興的對大家說：「我就說嘛，拜託崔處士也可以的。」

為了表達感謝，姑娘們每個人都帶了幾大包桃花，要崔玄微慢慢吃掉，說是可以延年益壽。

最後，姑娘們還向崔玄微提出一個要求，希望崔玄微以後每年都能夠以同樣的方式來保護她們，說這樣的話崔玄微自己也能夠延年益壽。

崔玄微馬上就很爽快的答應下來。

據說，從此以後，就因為保護這些花精，並且吃著花精所送的桃花，崔玄微的外表一直停格在三十多歲，再也沒有老過。

同時跟那麼多花精打交道，卻能夠全身而退，甚至還因此長生不老，崔玄微著實是一個特例；其中一個重要的關鍵，大概就是因為他不好色吧。

下面要介紹的這個故事，女主角的身分其實一直到最後都還不是很明確。男主角名叫錢萬選。

從前，有一個濟南人，名叫錢萬選，字孟清。

錢萬選在十一、二歲的時候，就父母雙亡，成了一個孤兒，幸好父母為他留下了小康的基業，還有一個僕人照料他的生活，因此日子還不至於過得很困難。

錢萬選慢慢長大，也不知道是不是因為從小就孤單慣了的緣故，當他到了適婚年齡的時候，儘管不止一個人跟他提過婚事，但是都被他謝絕了，每天都還是只管讀書。他從小就很喜歡讀書。

按今天的概念來理解，錢萬選就是一個宅男，幾乎成天都待在家裡，如果不在家，那他多半是到崇仁古剎去了。這座古剎位於濟南城北西北的位置，相傳是六朝時所建，有一定的歷史了，香火很盛。不過，錢萬選喜歡來這裡不是為了燒香拜佛，而是喜歡這裡清幽的環境。這裡不但亭台樓閣一應俱全，還有一個很大的蓮花池，很能滿足像錢萬選這樣一個文藝青年的審美情調。蓮花池是古剎的一大特色，裡頭種植了幾百株白蓮，每當花開時節，不但白蓮朵朵，賞心悅目，而且花香撲鼻，令人心曠神怡。錢萬選與古剎的住持相當熟悉，因此經常來這裡小住，每到夏天更是幾乎都待在這裡避暑，白天吟詩，晚上彈琴，再焚香靜坐，好不快活。

這年夏天，錢萬選照例來到古剎。一天晚上，當他正準備就寢的時候，忽然聽到放在臨窗的那張琴，竟然無緣無故的響了起來。

一開始，錢萬選以為是自己聽錯了，會不會是附近剛好有貓咪在叫啊，但是再聽一會兒，他就很確定琴聲是來自於自己的那張琴，因為此刻所傳出來的曲調，明明就是自己今天晚上剛剛才再三彈奏過的呀，感覺上就好像是稍早以前當自己在練琴的時候，有人在旁邊偷聽，並且用心默記，現在則是忍不住要來真正練習了似的。

錢萬選吃了一驚，可是等他打算要過去看個究竟的時候，琴聲卻戛然而止。

第二天，一個朋友來古剎遊玩，順便來探望一下錢萬選。當朋友問起錢萬選在古剎裡的生活時，錢萬選說起了前一天晚上的這件怪事。朋友打趣的說：「這一定是狐仙在跟你鬧著玩呢，你乾脆收她做弟子好啦，也許她會報答你呢。」

（看來「狐狸精跟書生戀愛」的故事，在古代這些書生當中很流行哩，或者也可以說在書生這個社會群體中是一個很普遍的白日夢吧，誰不希望在讀書的時候身邊有一個美人作伴，而且對自己是無怨無悔的真心付出啊？）

錢萬選當然知道這只是一句朋友的玩笑話，也沒在意，以後每天晚上在茶餘飯後仍然還是照常彈琴。

這樣過了一段日子，一切如常，直到有一天晚上——

這天晚上，錢萬選難得應邀出去和朋友們小聚，回來得有些遲了，一進書房，在頗有些酒意的情況之下感覺十分口渴，可是呢想要找茶喝，茶壺中空空如也，想要叫僕人起來燒水，又覺得為了這種小事把熟睡的僕人叫起來未免也太小題大作、不近人情了……

正這麼想著，眼前忽然出現了一個美麗的身影。在陰暗之中，錢萬選看不清來者何人，只感覺是一個年輕的女性，而且雙手捧著一個白瓷杯遞給他，他順手接過來就喝了，一喝下去，剛開始的一剎那之間還感覺有一點苦澀，但是嚥下去之後就覺得非常甘甜。這是一種上等好茶的感覺。

喝下之後，錢萬選心滿意足的倒頭就睡。

第二天，他一直睡到日上三竿才醒來。他看看自己，發現自己昨晚原來是和衣而眠，這時，昨晚臨睡前有人——彷彿是一個女子——替他倒茶的記憶慢慢浮現出來，錢萬選想著想著，不禁有些糊塗，這是在做夢嗎？可是感覺上怎麼又那麼真實，而且那好喝無比、香沁肺腑的茶味，至今彷彿都還留在喉間，實在不像是在做夢啊。

稍後，當他一來到書桌前，發現了更奇怪的事；昨天他做了一些詩，但都還只是草稿，還沒來得及抄寫，然而此刻卻有人已經幫他謄好了，整整齊齊的放在桌上，拿起來一看，不僅一點錯誤也沒有，而且字

跡清秀，又不失個性。

這真是太好了！錢萬選非常高興！

（在沒有打字機、沒有電腦的時代，如果有人能夠幫忙謄寫自己的稿子，相信每一個文人都會樂壞的。）

這一整天，錢萬選的心情都非常好。他當然也感到奇怪，到底是誰在這樣暗中幫他，給他遞茶，又為他謄稿，不過，錢萬選畢竟是年輕人，總感覺不知道是誰也無所謂，反正他也不害怕。

鄰近傍晚的時候，錢萬選待在池塘邊，倚著欄杆欣賞著怒放的蓮花。忽然，他看到從盛開的蓮花叢中，有一個小女孩划著一條小舟，遠遠的過來了。

錢萬選驚奇的看著這條手搖櫓式的小船。不多久，小女孩已經來到他的跟前，這時錢萬選已經可以看清楚，這只不過是一個年方十二歲左右的小女孩，長得相當秀氣。小女孩送上一封信給錢萬選。

打開一看，原來是一封邀請函，說已經備好酒席，請錢萬選賞光。邀請函的署名是「女弟子蓮貞」，蓮貞還在信中表示，說自己的家並不遠，就在附近，「荷花深處柴門臨水的地方就是我的家」。

錢萬選看了邀請函，更為疑惑，「我幾時收過女弟子了？」

但是再看看，蓮貞在信中的言詞那麼懇切，還說特別派了小船來接錢萬選，請錢萬選務必要賞光……錢萬選不禁心想，再怎麼說人家也是好意，要是堅決推辭，會不會顯得太難堪了啊？

他放下邀請函，看看小女孩，小女孩也正一臉笑意的回望著他。

「你幾歲啦？」錢萬選問。

「十二。」

「嗯，跟我猜的一樣——你叫什麼名字？」

「麗娥。」

「你家在哪裡？」

麗娥笑咪咪的指指池塘的東邊說：「就離那裡不遠。」

錢萬選又問：「蓮貞是誰？我不認識啊？」

「您去了就知道了。」

錢萬選看看麗娥，再看看小船，心想：「算了，划船採蓮本來也是風雅之事，去就去吧。」

於是，就登上了小舟，麗娥就開始慢悠悠的搖著小船。她雖然小小年紀，但搖得很穩，而且感覺上好像毫不費力。

船行大約半里路，從盛開的蓮花以及荷花叢中又出現兩條小舟，也都是由小女孩搖著，一人負責一條小舟。她們一看到錢萬選，都很高興，紛紛嚷嚷著：「哎呀，貴客終於到了！」

其中一個小女孩還向錢萬選解釋：「姑娘看麗娥去請客人去了這麼長時間都還

沒有回來，有些不放心，所以派我們過來看一看，催促催促。」

小舟繼續前行，不一會兒船靠了岸，只見放眼望去，百花盛開，看起來滿園春色，一片生機盎然。

錢萬選十分驚訝道：「我怎麼從來都不知道古剎還有這麼迷人的角落？簡直就像是到了另外一個世界似的。」

女孩們看他如此大驚小怪，都只是掩著口輕輕的笑著，沒人多說什麼。她們把錢萬選帶進不遠處一座富麗堂皇的宅院，走過彎彎曲曲的長廊，來到一個院子，再朝著一個布置雅致的廳堂走去，只見一個女子正臨窗高坐，一看到錢萬選到來，馬上急急忙忙的跑出來迎接，眉宇之間盡是洋溢著歡欣愉悅的神色。

女子恭恭敬敬的向錢萬選行禮，自稱是錢萬選的女弟子蓮貞，錢萬選看著眼前這個端莊秀麗的女子，實在是不知道該說怎麼才好，「我不記得收過什麼女弟子」這種話又覺得說不出口，於是只能呆呆的望著她，然後呆呆的被簇擁著走進屋內入席。

錢萬選看得出來，為了招待自己，這個自稱蓮貞的女子一定是煞費了不少的苦心，宴席十分豐富不說，還盡是一些錢萬選叫都叫不出名字的美味佳肴，再配上香味沁人心脾的美酒，實在是太隆重了。不過，錢萬選並不貪杯，只肯淺酌。

為了助興，蓮貞又讓三個侍女輪流唱歌，那個接錢萬選來的小麗娥也在其中，錢萬選覺得麗娥的聲音最為清亮悅耳。蓮貞大概是注意到錢萬選正帶著欣賞的眼光看著麗娥，竟然說：「如果您滿意的話，就把她帶回去吧。」

錢萬選一聽，嚇了一大跳，立刻連連推辭道：「這怎麼敢呢，這怎麼可以呢！」

蓮貞聽到錢萬選這樣回答，似乎滿開心的，錢萬選這才有些會意過來原來方才那些話只不過是一番戲言，無非是要試探試探自己罷了。

這麼一想，他便覺得有些臉紅。

其實，錢萬選有些中意的自然是蓮貞。

轉眼夕陽已經落山，蓮貞要侍女們趕快去「拿些光亮」來。

「拿些光亮？」錢萬選暗暗琢磨著，不知道這是什麼意思。

很快的，侍女們便從箱子裡取出十二顆明珠，高高的懸掛在廳堂上，哇！剎那間，屋內屋外一片明亮，恍若白晝。

「真妙啊！」錢萬選不禁拍手叫絕，還讚美蓮貞簡直就是嫦娥下凡。

蓮貞露出淺淺的微笑，淡淡的說：「晚上才剛剛開始呢！」

接下來，在酒宴結束以後，錢萬選先是聽蓮貞彈琴，讚不絕口，後來又在茶几上看到一本《蓮子居吟詩稿》，信手一翻，感覺筆跡好像曾經在哪兒見過，再仔細一讀，發現集子裡有不少作品前半部都是自己所作的詩稿，後半部卻都是蓮貞接上去的，而且還都接得十分高明。

「你真是一個難得一見的才女啊！」錢萬選由衷的讚佩道，內心對蓮貞的愛慕就更深了。

這天晚上，錢萬選沒有回去。

翌日清晨，蓮貞還是要麗娥划著小船送錢萬選回去。錢萬選在回去之前，與蓮貞依依不捨，兩個人自然是說了很多海誓山盟的話，同時也約定好以後每天晚上都要見面。

就這樣，從此每天傍晚麗娥都會滑著小船來接錢萬選過去與蓮貞相聚，第二天清晨再把錢萬選給送回來。

時間一晃就過了好幾年。

這天，有一個來自羅浮的道士，也借住在古剎裡，偶然間碰到錢萬選，愣了一下，隨即馬上喊住錢萬選，皺著眉頭對錢萬選說：「在您身上一定發生了非比尋常的事，對吧？我看是被花妖給纏上了，我勸您還是趕快斷絕往來比較好，否則的話小心性命難保！」

然而，錢萬選對這番好心的提醒一點也不領情，瞪著道士，非常生氣的說：「師父是出家人，何必要干預別人的私生活！」

道士很意外，顯然完全沒有料到錢萬選會是這樣的反應，正想要再好好的開導一下，錢萬選已經態度堅定的嚴詞拒絕道：「她會不會害人我自有判斷，請您不要再多說了！」

過了幾天，錢萬選在與蓮貞閒聊間無意間提到了這件事，沒想到蓮貞的反應倒滿激烈的，馬上就哭天喊地的說：「啊，看來我們的緣分是已經盡了啊！」

「不要胡說！」錢萬選急忙解釋道：「我並沒有把那番話放在心上啊，世上只有負心漢才會貪生怕死，我可不是那樣的人！我只是在想，或許我們應該未雨綢繆，早一點想想辦法，免得那個道士多事來破壞我們。」

經過錢萬選再三解釋，蓮貞總算才轉悲為喜，止住了哭泣。稍後，蓮貞告訴錢萬選，其實她早就看上了位於城北的一棟別墅，正打算要花點錢去把房子租下來，

並且布置一番。說著說著，蓮貞又叫侍女從箱子裡取出黃金一百兩交給錢萬選，要他用這個錢去籌備婚事，還特別叮囑錢萬選一定要辦得好些，不要讓別人笑話他們小家子氣。

得知蓮貞要正式下嫁給自己，錢萬選自然是大喜過望，果真就好好的開始積極籌備婚禮，然後挑了一個良辰吉日，敲鑼打鼓、風風光光的把蓮貞給娶進了門。

當天真是熱鬧極了，前來賀喜的人一直絡繹不絕。

三天以後，蓮貞出現在古剎裡，凡是看到她的人，都為她的美貌以及那種腹有詩書氣自華的氣質驚嘆不已。

蓮貞特別要錢萬選去把那個道士給找來，說想要見見他。

不久，道士來了，一看到蓮貞，馬上就念著咒語，並且從衣袖裡抽出一大堆的符咒丟向蓮貞！這還不算，道士甚至還急急掏出天蓬尺衝向蓮貞，想要打蓮貞。

（「天蓬尺」又稱為「法尺」，是一種道教的法器，從外觀上看來是一根四面都刻有符咒的四稜方形的短木棍。）

不過，蓮貞美麗的臉上毫無懼色。她幾乎動都不動，只不過把身子稍微那麼一閃，不僅就輕易躲過了道士的攻擊，甚至還一把就把道士手中的天蓬尺給搶了過來，然後重重的摔在地上！

這時，麗娥還氣呼呼的跑出來舉起一個痰盂就倒扣在道士的頭上！

（天啊，這實在是太不衛生、太恐怖啦。）

道士被弄得狼狽不堪，馬上就跌跌撞撞的溜之大吉。

在場圍觀的人群中，有些知道之前道士曾經警告過錢萬選，不過他們本來就都不相信道士的鬼話，現在看到道士倉皇而逃，無不拍手叫好，有的人還說：「活該！誰叫這個傢伙這麼喜歡嚼舌根呢！」

蓮貞在婚後就跟婚前一樣，每天仍然和錢萬選一起讀書作詩，形影不離，兩人的生活十分美滿。

這樣又過了幾年，除了擁有蓮貞這樣的如花美眷，錢萬選又納了三個妾，都是蓮貞之前的侍女，分別是蕚仙、蓉香以及麗娥；是的，麗娥已經長大了。

（特別要說明的是，在古代衡量妻子是否賢慧，其中有一個標準就是是否能夠大度看待丈夫納妾；這一點在今日則當然是早就已經被揚棄了。）

幾年之間，蓮貞和三個小妾都為錢萬選生了孩子，一大家子在一起生活，其樂融融。同時，錢萬選的苦讀也終於有了回報，在考選中脫穎而出，被派到廣東去做官。

錢萬選帶著所有家眷一起去赴任。為官期間，他的表現很不錯，頗受百姓稱道。

三年以後，錢萬選的任期屆滿了，他帶著家人進京。在一個偶然的機會中，友人邀約一起去遊羅浮，錢萬選也帶著蓮貞和三個小妾去了，為了路上能夠方便些，三個小妾還都裝扮成男子的模樣。

大夥兒在山中玩了很久，晚上就住在黃龍觀裡。這是一個道觀，裡頭的道士因為知道錢萬選是大官，侍奉得非常殷勤。

忽然，錢萬選看到一個道士，覺得十分眼熟，正巧這個道士正在說起自己曾經到過濟南，這時錢萬選恍然大悟，想起眼前這個道士就是曾經要自己趕緊遠離蓮貞的那個道士。

道士已經不記得錢萬選了；或者說他實在無法把從前在濟南崇仁古剎裡的那個年輕人和眼前這個中年大官聯繫在一起。

錢萬選便故意問那個道士：「聽說師傅您法術高強，您能收妖嗎？」

「能，當然能，怎麼不能！」道士大言不慚的說：「實不相瞞，其實多年以前我就曾經在濟南收過一個花妖……」

道士講得口沫橫飛，得意非凡，只差沒手舞足蹈，錢萬選和蓮貞以及三個小妾聽了，都忍不住笑了。一開始道士還一頭霧水，不明白自己所說的有什麼好笑，等到稍後慢慢認出來了，最主要的是一聽說錢萬選是濟南人，道士馬上就明白過來，便低著頭，慚愧萬分的走了。

第二天，在錢萬選他們下山途中，從樹林裡突然跳出一頭大老虎，並且一跳出來就朝著蓮貞直撲了過去！彷彿擺明了就是衝著蓮貞而來！

危急時刻，眾人都驚慌失措的尖叫不已，只有蓮貞，還是那麼從容，就像當年面對道士揮過來的天蓬尺仍然那麼泰然自若一樣。

蓮貞輕輕一張口，便吐出一朵蓮花，然後在轉瞬之間，這朵蓮花愈變愈大、也愈來愈升高，不一會兒就從天空往下落，正好落在那頭大老虎的身上。

老虎咆哮不已，聲音聽起來很痛苦，然後還猛然人立了起來，這一站起來，虎皮就脫落了，眾人這才看清，原來還是那個道士！

蓮貞對道士說：「你兩次想要傷害我，照說我應該殺了你，但是因為我謹守仙家的規矩，所以還是願意饒你一命——」

說著，蓮貞就揮揮手，淡淡的說：「你走吧。」

道士趴在地上，五體投地，用顫抖的聲音頻頻說：「謝謝不殺之恩！謝謝不殺之恩！⋯⋯」

然後就垂頭喪氣的走了。

在這個事情以後，蓮貞在錢萬選朋友中的名氣更大，大家都說她絕對不是一個凡人。

蓮貞不是凡人，那她到底是什麼呢？從早期錢萬選的朋友勸他不妨收一個女弟子的那段話，似乎暗示她是一個狐仙（或是狐狸精），然後道士告訴錢萬選蓮貞是一個花妖，不過，這個出自《淞隱漫錄》的〈蓮貞仙子〉，從篇名看來又似乎認為蓮貞是一個仙子。

不管如何，無論是妖是仙，這個故事雖然有不少地方都很容易讓人聯想到〈白蛇傳〉，但是蓮貞的命運顯然比白娘子要好得太多了；首先，錢萬選顯得比許仙要有擔當，在聽到人家的警告時，他的反應是護著蓮貞，然後和蓮貞一起想辦法來應對，其次，蓮貞所碰到的道士，也比白娘子所碰到的法海和尚要好對付得多了。

貪吃的瓜妖

最後，在結束〈植物篇〉的妖怪故事之前，讓我們再看一則不同類型的植物類妖怪。

這個故事出自《醉茶志怪》，篇名叫做〈妖詐食〉。

有一個人，一天夜裡，由於出外辦事回來得晚了，不得不摸黑走夜路。

當他沿著田埂往家裡走的時候，忽然，一個不小心，腳底一滑，感覺重重的踩到了一個什麼東西。

他覺得這個東西好像滑滑的、肥肥的，以為是踩到了一隻刺蝟，當下還立刻就在黑夜之中對著這個不知道是什麼東西的物體打躬作揖，拜了幾拜，誠心道歉道：

「真是抱歉！都怪我走夜路沒拿燈火，不小心踩到了您，這讓小的深感不安，還請您千萬不要怪罪才好……」

嘟嘟囔囔了一大堆以後，這個人才繼續踏上回家的路。

一路上，他的心裡都直犯嘀咕，一直在想著，可不要是踩到了什麼大仙，而且萬一人家不接受我的道歉那可就糟了……

剛剛快要走到家門口，就聽到裡頭一陣丁鈴噹啷的聲音，好像有誰在砸鍋子、摔碗盤，嚇人得很。

他趕緊衝進家門，正想要呼喚妻子，問問是怎麼回事，就看見一向溫柔賢淑的妻子此刻卻像是完全變了一個人似的，怒氣騰騰的站在屋子中央，圓睜著雙眼，手叉著腰，大聲痛罵道：「我好端端的被惡人踩踏，弄得我疼痛難忍，骨頭也受傷了，這個仇，我非報不可！」

男主人一聽，馬上聯想到不久前自己確曾不慎踩到了一個什麼東西，心想，糟了糟了，原來還真的惹上麻煩了！

他當即大聲致歉，再三表明自己絕對不是故意的，請大仙息怒。

家人都嚇壞了，有的趕緊焚香燒紙，有的趕緊端來酒菜，總之就是拚命祭拜。

這樣過了好一會兒，女主人的神情才總算稍稍緩解，沒有剛才那麼嚇人了。

不久，女主人便指著丈夫，命令道：「明天你一定要擺上好酒，供上好菜，好好的祭祀我，這樣我就可以原諒你，否則你就別想活了！」

「是是是！一定照辦！」男主人頻頻保證。

就在他的保證聲中，妻子忽然閉上眼睛，昏倒在地。

等到稍後她再醒轉過來的時候，對於方才發生的一切居然一點印象也沒有，還很驚訝家裡怎麼會搞得一塌糊塗。

第二天一早，這個人果真準備了很多吃的喝的，來到昨天夜裡「出事」的地方，擺好祭品以後，虔誠祭拜。

祭拜完畢，他好奇的看看地上，這才發現原來自己昨天夜裡是踩到了一個大瓜。

在這之後，他的妻子再也沒有出現什麼反常的舉止了。

這個故事有意思的是它的篇名——〈妖詐食〉，不知道是否意味著那個瓜妖被踩了一腳以後，原本可能也沒什麼，可是看那個人當時所表現出來的那副戒慎恐懼的樣子，這才臨時起意，乾脆裝神弄鬼一番，索要祭品，所以才叫做「詐食」呢？

器物篇

所謂「器物」，如果用大白話來講，就是「東西」。器物類妖怪，就是由各式各樣的東西所變成的妖怪。

我們現代人的生活，必不可少的東西有哪些？電腦、手機、電視、電燈、電扇、冰箱、洗衣機、冷氣機……那麼，想像一下古人的生活，尤其是在讀書人的家庭裡（因為所有文學都是經由文人而產生的呀）會有哪些必不可少的東西？紙墨筆硯「文房四寶」，牆上掛的畫，廳堂懸的匾，還有鏡子、枕頭，甚至夜壺，這些都是古人身邊極為普遍的生活用品，而幾乎每一樣生活用品都可以找得到相關的妖怪故事。

關於夜壺，因為古人的臥室又不是套房，所以房裡總會有一個夜壺，半夜要尿尿的時候就尿在裡面。

不過呢，夜壺的妖怪實在是味道不佳，我們就免了吧，現在我們來介紹幾個由物品幻化成精的妖怪故事。

畫裡的狗妖

話說在東都郡有一個館亭（就是提供旅客休息的地方）。這個館亭的西廂房老是有怪事。是什麼樣的怪事呢？住在那裡的客人總是抱怨半夜會聽到狗叫聲，聲音雖然不大，但總是持續不斷，而且最讓人困擾並且有些發毛的是，這個狗叫聲也不知道是從哪裡來的，每次只要點燈去尋找，總是一無所獲。

這樣過了一段日子，大概是抱怨夜半神祕狗叫聲的旅客太多，郡守決定乾脆關閉這個館亭，不再招待旅客，而且還加上了門栓和鎖，打算從此當作庫房來使用。既然是庫房，裡頭放的都是公家的財產，於是就派了士兵來看守。

一天晚上，月光皎潔，士兵看到一隻個頭很小、渾身都是黑色的狗，在庭院裡跑來跑去。

士兵覺得這隻黑狗很奇怪，太迷你啦，而且大概是仗恃著反正狗狗的個子很小，覺得也沒什麼好怕的，就蹲下來隨便撿了一塊石頭扔過去。

小黑狗似乎大受驚嚇，尖叫幾聲，就朝著西廂房那裡迅速逃走。

第二天，士兵把這件事向郡守做了報告，郡守聯想到之前深夜狗叫事件還一直懸而未決，就下令對西廂房那一帶做一個澈底的搜索。

結果，大家一來到西廂房，那個看守的士兵一見到門上所掛的畫，立刻就呆住了，原來，這幅畫畫的是一隻黑狗，黑狗的模樣就和他前一天晚上所見到的那隻小黑狗一模一樣！

怪不得那隻小黑狗的個頭會特別小，原來牠是從畫裡跑出來的。

這是畫裡頭的妖怪，有些書上會簡稱為「畫妖」。如果沒有被發現，如果這幅畫繼續修鍊，不知道假以時日這隻畫中的小黑狗會不會變得大一點？

枕頭妖怪

上面那個小黑狗的故事是出自《太平廣記》，我們再講一個同樣是出自《太平廣記》的故事，這回「作怪」的是一個枕頭。

故事發生在唐文宗太和三年。

在汴州有一個老人，名叫趙懷正，家裡很窮，主要都是靠妻子賀氏為街坊鄰居做一點針線活賺錢養家，艱難度日。

有一天，有人拿了一個石枕上門叫賣，賀氏看丈夫好像很喜歡，便用一塊玉把它換了過來。

（這個妻子實在是太好了！想想看，一塊玉和一個石枕，按一般的理解當然是玉的價值要高得多了。）

晚上，趙懷正用這個石枕枕著腦袋睡覺，奇怪的事發生了，他竟然聽見一陣風雨之聲，彷彿是從枕頭裡傳出來的。

更怪的是，後來妻子賀氏以及他們的兒子也都用這個枕頭睡過覺，卻什麼也沒聽見。

然而，過了數日，趙懷正再用這個枕頭，風雨聲又出現了，還是那麼清晰，聲聲入耳。

難道是這個枕頭裡頭有什麼東西在作祟？全家人對這個事都感到非常的不可思議。趙懷正的兒子提議乾脆把石枕砸破，一看究竟，可是趙懷正不同意。

趙懷正說：「這可是你娘用一塊玉給換來的呀，如果砸破了，裡頭什麼也沒有，如果只是我聽錯了，那不是可惜了嗎？不就白白浪費了一塊玉嗎？」

後來，面對著兒子的一再勸說，趙懷正被逼急了，就氣呼呼的說：「要砸也要等我死後你再砸吧！」

從此，趙懷正也絕口不再提枕中風雨，家人也不知道他還有沒有聽見那奇怪的風雨聲。

直到一年多以後，趙懷正病逝。家人很快就真的把那個石枕給砸碎了，結果非常驚訝的發現石枕裡竟然有一錠金子和一錠銀子！而且這些金子和銀子都跟石枕緊緊相連，絲毫沒有空隙，就好像是當初在鑄模的時候就預先嵌入進去似的。

趙家原本就經濟拮据，於是賀氏母子馬上把這些金子和銀子拿來操辦喪事，結果，費用竟然剛剛好，喪事辦完，一文也不剩。

這真是一個好心的枕頭妖怪啊，他是不是知道趙懷正是一個好人，家裡又很貧困，所以特地跑來提供趙家喪葬費用，還犧牲了自己，就這麼被砸碎了。

在《唐人傳奇》中有一篇很有名的故事，跟枕頭有關，叫做〈枕中記〉（也就是〈黃粱夢〉或是〈邯鄲夢〉），作者是沈既濟。有些妖怪故事大全會把這篇也收錄其中，其實這篇故事的妖味並不濃，反到有不少仙味，而且枕頭在其中只是作為一個極其重要的道具而已。然而，由於這篇作品太有名了，又是成語「黃粱一夢」的典故，我們不妨還是簡單的來了解一下。

在唐代開元七年的某一天，一個道士呂翁和一個不得志的書生盧生，在位於邯鄲道上的一家客棧偶然相遇了。

呂翁修道多年，能夠施行一些神仙之術，而盧生則窮途潦倒，對人生頗多抱怨。兩人在閒聊間，呂翁對盧生說：「你年紀輕輕，身體健康，有什麼可抱怨的呢？」對於呂翁的勸慰，盧生自然是一點也聽不進去，仍然抱怨個不休。

呂翁又問：「那你覺得要有怎樣的人生才能滿意呢？」

盧生不假思索的說：「男子漢大丈夫，自然是要出將入相，有一番建樹，才叫做成功——」

說也奇怪，正說著呢，盧生忽然感到非常的睏倦。

這時，呂翁就從隨身攜帶的布囊中取出一個枕頭，遞給盧生，告訴他：「你就枕著我這個枕頭睡一下吧，它能給你所有你想要的榮華富貴。」

這是一個青瓷枕，兩端有孔。盧生躺下來，枕在上面，只見枕兩端的孔漸漸的愈來愈大、愈來愈大，盧生看著看著不由自主的就從枕孔裡走了進去……

走著走著，盧生居然就回到了家。

從這個時候開始，他似乎就交上了好運。首先，在幾個月以後，他娶了清河一個大戶崔家的女兒為妻，崔氏不僅美麗，也很賢慧，盧生婚後的生活過得十分愜意。緊接著，在婚後第二年，盧生一舉考中了進士，被派到渭南擔任都尉，接著是監察御史等等，然後被拔擢為陝西牧。

在陝西為官期間，他疏通河流，造福廣大百姓，百姓為了感謝他的功德，還特別為他刻石留念。

他的官運十分亨通，可以說是在很短的時間之內就飛黃騰達，出將入相，但也因此遭到不少人的嫉恨……

總之，一晃五十年過去，他雖然享盡了榮華富貴，五個兒子也都很有出息，但是也兩次被貶，最後終於病倒，並且一病不起……

就在這個時候，盧生伸了一個懶腰，醒了。

睜眼一看，盧生發現自己仍然在邯鄲道上的那家客棧裡，呂翁也仍然坐在自己的身邊，而店主人蒸的黃粱竟然都還沒有煮熟呢，可見剛才他僅僅只是打了一個盹兒而已哪。

盧生驚異道：「難道方才只是在做夢？——可是我明明已經過了五十幾年啊，感覺很真實啊！——」

呂翁淡淡的說：「所謂人生，也不過就是如此而已。」

盧生無語。沉默良久以後，盧生對呂翁說：「人生一切的榮辱，甚至是生死，我都已經嘗遍了，謝謝先生的教誨。」

說罷，向呂翁又拜了幾下以後，盧生就心平氣和的起身告辭了。

盧生在那個奇異的枕中所度過的五十幾年，原來實際上只是一轉瞬之間極為短暫的工夫，所以後人便用「黃粱一夢」來比喻人生短促，富貴無常，進而勸告世人還是要懂得節制自己的欲望，不要過分貪圖金錢和名利。

吵人念書的匾怪

接下來這個故事的主人翁也是一個書生。

話說在杭州有一個秀才，讀書非常刻苦認真。一年夏天的夜晚，儘管時候已經不早，但他仍在油燈下苦讀，讀得興趣盎然。

忽然，他覺得頭頂有些發癢，信手一摸，竟摸到一把鬍子，秀才頓時嚇了一大跳，馬上站起來，抬頭一看——

只見頭頂有一塊匾，匾上竟然有一張模模糊糊的大臉，下巴上還蓄著一把白鬍子，方才秀才摸到的就是這把鬍子。

這張大臉似乎也沒什麼惡意，只是一直衝著秀才傻笑，並且不斷用那把白鬍子拂弄他，好像存心要逗弄他。

而這個秀才呢，自恃讀了不少聖賢書，倒也不怕什麼鬼怪之類，但是他很不高興；不高興什麼呢？不高興這張大臉打擾了自己讀書。

（這個秀才好像真的很愛讀書，休息一下也不肯哪。）

一氣之下，秀才竟然動手去扯那把白鬍子，而且還真的扯下了幾根。

這個舉動似乎讓那張大臉吃了一驚，趕快把白鬍子甩一甩，就收起來了。

現在，白鬍子沒有了，但是匾上那張古怪的大臉還在。

秀才又搬了一張凳子過來，放在書案上，然後小心翼翼的爬上去想要看個究竟，可是，看了半天，匾上除了積了一大堆的灰，什麼也沒有啊，連方才那張大臉也不見了。

秀才嘟囔了幾句，坐下來繼續讀書。然而，還沒讀多久，那些討厭的鬍子又從上面垂下來鬧他了。

就這樣，一連鬧了幾個晚上，鬧得秀才都沒有辦法專心念書。

後來，那張大臉竟得寸進尺的「下來了」，出現在秀才的書桌上了，還老是用厚厚的鬍子遮住秀才，不讓秀才念書。

秀才氣壞了，隨手抓起硯台就朝那張大臉砸了過去！

「砰！」的一聲，大臉又不見了。

又過了幾天，那張大臉大概是覺得鬧鬧秀才很好玩，又來作怪了。這天晚上，秀才睡得正香，那張大臉無聲無息的出現在他的枕頭邊，然後用那把白鬍子不斷在他臉上掃來掃去，弄得秀才好癢，然後就這麼醒了。

秀才醒來，發現又是那張大臉在跟他搗蛋，非常生氣，抓起——哎，他現在正躺在床上，身邊又沒什麼武器，於是就抓起枕頭，用盡力氣，朝那張大臉丟了過去！

沒想到這軟軟的枕頭竟然還能對付妖怪，那張大臉被丟個正著，又是「砰！」的一聲，然後就不見了。

這麼一鬧再鬧，秀才覺得忍無可忍，第二天就讓人把那塊匾拆下來，然後放一把火給燒了。從此就再也沒有見過那張討厭的大臉了。

他終於可以安安心心的繼續苦讀了。據說秀才後來果然考上了舉人。

這個故事名叫〈匾怪〉，出自《子不語》。古代在很多家庭裡都會有一塊甚至不只一塊匾，匾裡頭也會有妖怪就不足為奇了。

鏡子妖怪

我們再來講一個有趣的鏡子妖怪的故事。

我們常常說誰的膽子大，誰的膽子小，這都是一種很抽象的概念，「膽子大」到底有多大，「膽子小」到底又有多小呢？有一個鏡子妖怪可以解答這個問題，因為這個鏡子妖怪有一個本事，它能夠「照膽」，就是說能夠照出我們每一個人的膽子到底有多大或者是到底有多小。

這個故事出自《諧鐸》，題目叫做〈鏡戲〉，是一個鏡子妖怪戲弄一個「妻管嚴」的故事。（「妻管嚴」就是怕老婆的意思。）

話說從前在安徽蕪湖有一個名叫馮野鶴的人，在外人看來還算是一個有膽有識的人，唯獨非常的怕老婆。

舉一個例子，馮野鶴到了中年還沒有孩子，就娶了一個小妾，這在古代是極為自然的事（現在當然不可以啦），可是因為老婆大人不高興，小妾娶回來以後，馮野鶴連單獨跟小妾在一起都不敢，更別說還要住在一塊兒了，所以，這個小妾娶了也等於沒娶。

有一天，一個書生求見，自稱是秦城的學者，說自己善於識別一個人的膽量。書生還說，在這個世間，沒膽量的人可多了，比方說，讀書人寫文章沒有寫真話的膽量，耍刀槍的人沒有擒賊的膽量，在朝廷為官的人沒有直言勸諫的膽量，結婚娶妻的人沒有養妻育子的膽量，說到這裡，書生就對馮野鶴說：「我聽說您膽識過人，所以特意來一睹您的膽略。」

馮野鶴聽了書生這番話，非常高興，於是就開始高談闊論，大吹特吹起來。而書生專心的聆聽著，也不時表現出讚賞的樣子。這麼一來，馮野鶴就吹得更來勁了。

過了一會兒，從內室裡傳出「河東獅吼」，就是馮野鶴老婆的怒吼聲，不過這個時候，馮野鶴礙於面子問題，仍然繼續的談笑風生。

又過了一會兒，從廚房裡傳來好像有斧子在剁東西的聲音，馮野鶴的表情開始不大自然了，不過還勉強能夠控制自己。

直到又過了一會兒，堂前傳來一陣棍棒之聲，還夾雜著哭泣聲以及眾婢女勸解的聲音，馮野鶴猜想一定是小妾挨打了（這個小妾也真夠倒楣的！），臉色就愈來愈難看，話也說不下去了。

緊接著，一個老僕匆匆跑來報告，說：「不好了，夫人現在就站在屏風的後面，而且撩衣捲袖，手裡還拿著一根木棒！」

就是說，母老虎已經進了書房了！馮野鶴大驚失色，什麼面子不面子的也顧不上了，馬上就站了起來，一副想要開溜的架勢。

這一幕根本逃不過母老虎的法眼。不過，母老虎此時氣得不是自己的老公，而是眼前這個不速之客，於是大喝一聲：「哪裡來的臭小子，居然敢誘惑我家男人想教他做一個大膽的漢子！」

馮野鶴一聽這話，頓時嚇得面色如土，慘無人色。

書生見了，很不滿意的批評馮野鶴，「怪了，剛才你的膽子還大得像一顆雞蛋，現在卻小得像一顆草籽，我看啊如果你的老婆再恐嚇你幾句，你的膽子就要嚇破了。」

說罷，書生站起來就想走。馮野鶴非常慚愧，想要挽留書生，書生還是說：「我還以為你有膽量，所以才想要來親自了解一下，沒想到你只是空有其表，徒有其名，實際上根本是一個沒有膽量的膽小鬼！」

書生的話剛一說完，從屏風後面就應聲飛出了一根木棒，結結實實的打在書生的身上！

書生「哎喲」一聲，頓時竟化為一面古鏡！

這時，馮野鶴的老婆也從屏風後面衝了出來，把地上的鏡子撿起來一看，發現背面刻著篆體的「照膽」兩個字。

「原來這是秦國時代的古物，怪不得他剛才說自己是秦城的學者。」馮野鶴恍然大悟，這才明白自己是遇上了妖怪。

他的妻子奪過來一看，看到「照膽」兩個字，不屑的說：「哼，照膽？就是說可以拿來照照我們的膽子有多大了？」

說著，她往自己的身上一照，哇，看到自己的膽子像一口罈那麼大，而且還正不斷的往外冒著怒氣。而馮野鶴的膽子呢？經老婆大人一照，不僅小得只有一粒米的一半，並且還在滴著青水。

後來，經過醫生檢查，證實馮野鶴的膽子真的已經嚇破了。

這還真是名副其實的「嚇破膽」啊。

藝品妖怪

有些裝飾品也會作怪。

從前，有一個姓賈的人，以賣鐵為生，由於經營有道，沒過幾年家境就愈來愈富裕。

有一天，有人從河底撈到了四個龐大的鐵鑄的貓。賈某知道後，馬上趕了過來。

只見這四個鐵貓，每一個都重達數百斤，雖然都已經鏽跡斑斑，但還是看得出來造型古樸典雅，不是一般的工藝品。果然，很快就有人發現在每一個鐵貓身上，都還鑄刻著「唐代貞觀」的年號，這也就意味著這四個鐵貓確實都是不凡的古物。

不過，賈某可不管這些，他只想著這四個鐵貓都很大，就趕緊用低價把它們統統買下來，打算將它們砸碎，做成其他鐵器來賺錢，賈某盤算著，自己將可從這四個鐵貓身上賺不少錢。

他愈想愈得意，覺得自己實在是太有做生意的眼光了，出手的動作也加快啦。

當天夜裡，賈某做了一個夢，夢到四個唐代裝束，神采相當飄逸的老人，聯袂前來拜訪，客客氣氣的對他說，他們都姓毛，當年唐太宗征討高麗的時候，把他們留在這裡，沒想到今天被人發現而來到賈某的家，他們希望賈某能夠發揮仁心，把他們放回原處，他們一定會厚報賈某的恩德，不然的話——

四位老人終究也還是忍不住威脅道，如果他們四個有所損壞，恐怕對賈某也不會有什麼益處。

賈某醒來以後，回想所做的夢，心知夢中所見那四位老人一定就是那四個鐵貓。

他頗為猶豫，難道真的要把這四個鐵貓送回河底，讓它們繼續在河底待著？可是只要一想到原本的生財計畫，想到可以靠這四個鐵傢伙掙不少銀子，賈某又覺得實在很捨不得。

最後，他安慰自己，夢只是夢，不能代表什麼，也根本不用去理會。於是，他還是按照原訂計畫，把四個鐵貓砸碎，再送入爐中熔化。

說來也巧，賈家自此彷彿就像是交上了厄運，做什麼都不順，還頻頻遭難，最後，他的子孫甚至都淪落為乞丐。

這大概就是不尊重古物的下場吧？這個故事就叫做〈鐵貓〉，出自《醉茶志怪》。

棺材板妖怪

下面這兩個故事，作怪的東西想想還真有一點可怕。

一位名叫李約是陝西邠州李夷家裡的僕人，擅長跑腿，李夷經常派他到京城送信。

有一天晚上，當李約送完信從京城要返回邠州的時候，因為走累了，就在半路上休息。

他坐在一棵老槐樹下，看著皎潔的月光，心想今天晚上月色真亮，打算待會兒休息一陣以後就要繼續趕路。

不多久，一個拄著枴杖白髮蒼蒼的老先生也搖搖晃晃的來到這槐樹下，就在距離李約很近的地方坐下來休息。老先生一坐下來就哼哼哈哈個不停，還不時瞄一瞄李約，好像是要李約關心關心自己的意思，偏偏李約對於陌生的老頭毫無興趣，也毫不關心，任憑老先生怎麼呻吟，他就是一聲不吭。

老先生大概是看沒有辦法啦，就開始主動和李約攀談，但是老先生攀談的方式很奇怪，他居然是一開口就向李約提出了一個要求！

老先生說：「我要去咸陽，但是我的腿腳不方便，走幾步路都很吃力，你可不可以做做好事，背著我去？」

（對陌生人提出這樣的要求，實在是有一點過分啊。）

李約看了老先生一眼，「既然不方便，何必出門？那就不要去好了。」

「不行啊，我非去不可，你背我吧。」

李約沒好氣的回應道：「我也很累啊。」

「哎喲，可是你年輕嘛——」老先生還是糾纏不休。

後來，禁不住老先生一再胡攪蠻纏，李約勉勉強強的答應了。

老先生就高高興興的爬到李約的背上。

其實這個時候，李約有些疑心這個老先生是什麼鬼怪，不過，他的膽子很大，一點也不怕，還是背上了老先生就走。

走到開遠門附近，已經慢慢天亮了。

「小伙子，可以了，就到這裡吧。」老先生說。

李約一聽，更加確信背上的老先生是鬼怪，就故意說：「不急啊，我不累，再走一段吧。」

老先生急了，「不用了不用了，謝謝你的好意，放我下來吧，這裡就可以了——」

李約說：「哼，你那會兒那麼會欺負人，非要我背你，現在眼看天亮了，又為什麼這麼膽小？」

說著說著，他非但不放老先生下來，反而用雙手把老先生扣得更緊。

老先生急得要命，拚命哀求，甚至都有些語無倫次了。然而，李約說什麼就是不肯把老先生放下來。

忽然，李約感到背上一輕，緊接著就聽到有什麼東西掉到地上來了。回頭一看，只見地上是一塊腐朽的棺材板！

而那個老先生呢？已經化作一縷青煙就那麼不見了。

這個故事出自《太平廣記》，篇名就叫做〈李約〉。

第二個故事出自《醉茶志怪》，篇名叫做〈林某〉。

從前，有一個姓林的人，就是這個故事的主人翁，沒有名字，只叫做「林某」。

林某經常喝酒鬧事，街坊鄰居都很討厭他。

當村子裡出現了怪物，經常在深夜跑出來到處作祟的時候，有人對林某使出激將法，故意對他說：「你總是說自己的膽子很大，現在有妖怪，你敢不敢和妖怪來一個面對面？」

（感覺上這好像有一點效法〈周處除三害〉那個故事的點子啊。）

果然，林某一點也經不起激，馬上就說：「當然敢！有什麼不敢！只要你們為我準備好下酒菜還有燒酒，我就去替你們把妖怪給抓回來！」

眾人忙不迭的立刻照辦。

當天晚上，林某先吃喝過一頓，然後帶著牛肉和燒酒，腰背上還有一根板斧，醉醺醺的坐在村外。

夜深了，妖怪果然出現了。由於天色昏暗，林某看不清妖怪的面目，只感覺到這個妖怪很高大，身長應該至少有八尺。

林某一下子就酒醒了一大半，正在考慮接下來應該怎麼辦，忽然聽到妖怪好像在跟自己說話。

妖怪說：「是什麼東西？」

林某靈機一動，便粗魯的回應道：「我是妖怪，你是什麼東西？」

妖怪一聽，呵呵一笑，然後說：「我跟先生一樣，只是四肢還沒有長齊全，所以看起來還不像先生那麼像人——先生手裡拿的是什麼？」

「你是說這個嗎？」林某舉起酒瓶，「我告訴你，這玩意兒可好喝了，你不妨一起來嘗嘗吧。」

「好啊！」妖怪表現得很有興趣，但隨即又說：「我的腰還不能彎，能不能拜託先生把那個玩意兒倒進我的嘴巴裡？」

「沒問題。」

說著，林某就伸出手去摸。在黑暗之中，他摸到妖怪的嘴巴好大好大。

「酒來囉！」林某把一壺燒酒都倒進了妖怪的嘴巴裡。

妖怪咕嘟咕嘟的牛飲，等到把一壺酒都喝光了，做出嘖嘖之聲，大聲讚道：

「痛快，痛快！好酒，好酒啊！」

說完這句話，只聽到轟然一聲，妖怪就倒下了！

（這個妖怪的酒力實在是不行啊。）

林某一聽妖怪放倒了，覺得機不可失，馬上抽出腰背後的板斧照著妖怪就當頭劈下，然後狂砍一通！在他拚命亂砍的過程中，感覺好像是砍在什麼硬硬的東西上面，聲音悶悶的。

林某砍了半天，砍得手都酸了，都沒再聽到那個妖怪有什麼反應，心想一定是已經把妖怪砍死了，就匆匆忙忙的跑回村子裡去找人幫忙。

過了一會兒，眾人紛紛提著燈籠趕來，仔細一看——被林某狂砍的居然是一個破敗的棺材板！原來這是一個棺材板精！

眾人趕緊七手八腳的合力把這個棺材板打得粉碎。

從此，再也沒有妖怪或是怪物出現了。

成精的「偶」怪

在器物類妖怪中，還有一類所占的比例也很大，那就是從「偶」所變身而來的妖怪。

所謂「偶」，按字典上的解釋，第一個意思就是「用土木金屬所製成的像」。現在，就讓我們來看看幾個關於土偶、木偶，乃至泥偶、布偶成精的故事。

在京城裡有一個人，名叫劉光廷。劉家在東直門外有一個棗園，所結的棗子又甜又脆，可以說是遠近馳名。

這一年，在棗子成熟之後，發生了怪事，每天早上園丁一到棗園，就會發現棗兒少了不少，就算他們晚上加強看守也還是一樣，棗兒還是持續不斷的在減少。

後來，園丁沒有辦法了，只得專程來到京城，找到劉光廷，向他報告棗兒失竊的事。

劉光廷一聽，大怒道：「這肯定是有什麼毛賊，一到晚上就跑來偷我的棗子！」

說著，他還把園丁痛罵一頓，怪園丁看守不力，要不然那個毛賊怎麼會如此大膽每天晚上都跑來偷？

園丁挨了一頓臭罵，很是委屈，頭低低的說：「我們晚上都已經幾乎不敢睡覺了——」

言下之意自然是——不是他們看守不力，實在是因為那個偷棗賊太厲害了！

「哼，我就不信，我一定要把這個小賊抓住給你們看！」劉光廷就這樣氣呼呼的趕到棗園，準備當天晚上要把那個可惡的偷兒一舉擒獲。

當天晚上，月明星稀，劉光廷拿著一根棍子獨自守在一棵棗樹下。

四更剛過，終於有動靜了，只見一個身穿紅衣的女子從牆外飛了進來。

劉光廷暗暗吃了一驚，因為他沒想到心目中的毛賊竟然會是一個武功了得的俠女。

不過，再看一會兒，他又覺得不大對勁；只見那個「女俠」，在棗樹間飛來飛去，飄來飄去，不斷的把棗兒摘了以後就迅速放進自己的衣兜，動作真是快如閃電，被樹枝勾到或是叉到也毫不在意，好像一點也不疼……

劉光廷忽然明白過來，這哪裡是什麼俠女，這是妖怪啊！

不過，劉光廷不怕，反而大喝一聲：「哪裡來的妖怪！居然老是來偷我的棗子！」

正攀在樹上的紅衣女子聽到聲響，轉身過來看了劉光廷一眼，就面無表情的飛出牆外！

劉光廷不肯罷休，提起棍子就追！

這一追，就追了足足有三、四里地。

天已經有些矇矇亮了，劉光廷下定決心一定要把這個傢伙追到不可！

一直追到一座土地廟前，劉光廷親眼看見紅衣女子鑽進土地廟裡之後就不見了。

他隨即跟了進去，想要繼續搜索。

土地廟裡有好多小土偶，身上都落滿了厚厚的灰塵，但是唯獨有一個侍女模樣的土偶，乾淨得很，身上一點灰塵也沒有，甚至還露出了紅色的衣裳。

劉光廷瞪著那個小土偶，憤怒的大吼一聲：「就是你偷我的棗！」

話音剛落，劉光廷舉起棍子就朝那個紅衣土偶重重的打了下去——

「嘩啦」一聲，土偶被打破了，裡頭一大堆的棗子就統統都滾了出來，足足有一斗多哪！

這個故事叫做〈紅衣土偶〉，一個因為貪吃甜棗而完蛋的妖怪。

下面這個故事的重要場景，也是在土地廟。

話說在廣東西部的柳州府，有一座土地廟。廟裡有一座泥做的神像，形象雖然醜陋無比，但是具有一種神奇的辨別父母官是否清白的能力。

這話是什麼意思呢？

就是說，凡是郡守廉潔清正，這座泥塑像就會呈現出兩手抱著袖子的模樣；如果是碰到貪汙的郡守，它就會變成是一副伸手討錢的樣子。

據說，曾經有一個郡守，貪得無厭，眾人皆知，結果這座泥塑像的雙手伸出衣袖至少有一尺長。

這個郡守又羞又氣，但是又不敢直接把這個泥塑像給搗毀，所以就派出兩個心腹在深夜悄悄前往土地廟，慢慢搓泥塑像的手，努力搓了一夜，好不容易才總算把泥塑像長長的手臂搓回到了衣袖裡面。

（如果這個塑像是木頭做的，或是鐵做的、銅做的，那就無論怎麼搓也不可能把塑像的手給搓短了。）

郡守看到泥塑像經過這番改造，非常滿意。然而，僅僅只過了一天，泥塑像的兩隻手臂又從衣袖裡伸出來了，伸出了五寸多，而且這回兩隻手都是做抱拳狀，五個手指都是緊緊握在一起，分也分不開。

這回，郡守的心裡頗為慚愧，就帶著三牲親自前往祭拜。過了十天，塑像的兩個拳頭忽然都鬆開了，又過了幾天，兩隻手臂都漸漸自動縮回到衣袖裡。

郡守很高興，心想，原來還是要祭祀才有用啊，原來不管是什麼神啊妖啊都還是可以收買的嘛。

實際上是怎麼樣呢？其實啊，這個郡守已經被取消了官職，所以泥塑像才「不管」了。

不久之後，當這個郡守接到通知，得知自己已經丟官，當場呆若木雞。

繼任者是龐公，這是一位好官、清官，所以這座泥塑像的兩隻手始終都老老實實的待在衣袖裡，從來不曾有異狀。

直到有一天，有人驚訝的發現，泥塑像的手又不對勁了，又往外伸了！

大家都不敢相信，紛紛竊竊私語道：「啊，真想不到啊，真沒想到龐公怎麼也會……」

消息很快就傳到了龐公的耳里。

「不會吧！」他大吃一驚，緊接著趕緊檢查。

這一檢查，居然還真的就查出了問題所在；原來是日前府裡的家僕代收了兩桶別人餽贈的荔枝，不料木桶裡暗藏了三百兩銀子。

龐公查出來之後，馬上派人把那三百兩銀子退了回去。結果，銀子才剛退，泥塑像的手就恢復正常了。

想想這個泥塑像其實還滿熱心的啊，而且他不僅是「多管閒事」，管的事還很特別，是一般小老百姓很難管得了的。

這個故事所設定的背景是在唐玄宗時期。

這天，虢（ㄍㄨㄛˊ）國夫人聽說了一件很不可思議的事，聽說在長安城裡來了一個和尚，正在大街上叫賣一隻小猴子，據家僕形容，這不是一隻普通的小猴子，不僅非常伶俐、善解人意，甚至還會開口說人話。

「有這種事？」虢國夫人感到十分好奇。

很快的，虢國夫人就教人把那個和尚帶回來，她想親自看看那隻小猴子。

稍後，和尚帶著小猴子來了。小猴子蹲在和尚的肩頭，十分溫馴。虢國夫人逗弄牠，跟牠說話，牠果真也能回應，並且是用話語來回應，就像是一個人類似的。

在場的人看了，都嘖嘖稱奇。

虢國夫人問和尚，這麼好玩、這麼稀罕的小猴子，怎麼捨得就把牠給賣了？

和尚說，他原來是住在西蜀，在深山老林裡一住就是二十多年，有一天，無意中撿到這隻小猴子，看牠孤零零的，身旁也沒有什麼其他同類，模樣看起來很狼狽、很可憐，他一時心生憐憫，就把牠帶回去養著。沒想到，才養了短短半年，這隻小猴子竟然就通了人性，又過了一段時間竟然還可以開口說人話，這麼一來和牠溝通就完全沒有一點障礙了，從此，這隻小猴子就成了自己最好的幫手，要牠做什麼牠都明白，而且還能做得又快又好。

「有了這隻小猴子，實在不亞於收了一個徒弟，」和尚說：「如果不是自己最近遭到了困難，在城裡連吃住都成了問題，我是絕對捨不得要賣掉牠的。」

虢國夫人看看小猴子，愈看愈覺得牠很討人喜歡，於是就給了和尚豐厚的銀兩，要和尚把小猴子留下來。

從這一天開始，小猴子就從早到晚都陪伴著虢國夫人，幾乎是寸步不離。

這樣過了半年。有一天，楊貴妃送給虢國夫人一棵靈芝草。當小猴子一看到這棵靈芝草（請注意，只是看到而已，還沒有吃呢），竟然有了一個驚人的變化！

只見小猴子就地一倒，立刻變成一個容貌十分秀美的少年！

虢國夫人看著這個美少年，倒也不怕，只是就像當初詢問和尚那樣，要求美少年解釋一下這究竟是怎麼回事？

美少年說：「我本來姓袁，幾年前隨著父親到山裡去採藥，在山裡一呆就是三年，在那三年期間，父親經常讓我吃些藥苗，說是可以讓身體強健，可是吃著吃著也不知道怎麼回事，有一天我就突然變成一隻猴子了，父親見了很害怕，就把我丟在山裡不管了——」

說到往事，美少年顯然有些傷感，露出了傷心的面容，讓虢國夫人看了十分不忍。

美少年說，幸好後來他被和尚收留，而且在和尚的精心照料之下，他漸漸恢復了說人話的能力，回想這半年來待在虢國夫人的身邊，受到虢國夫人的寵愛，想必一定就是因為虢國夫人的愛心，終於使自己完全恢復了人形。

（他倒沒提看到靈芝草有什麼幫助啊。）

虢國夫人覺得美少年所言，合情合理。

（原來只要付出愛心，就可以使中了邪的靈魂恢復人形，不一定非要親一下不可。）

於是，虢國夫人就讓美少年像往常那樣，經常陪伴在自己左右，只是對別人則絕口不提少年的來歷，從此改喚少年為「小袁」。

一晃又過了三年，小袁長得一表人才，外貌更加出眾，引來許多人羨慕的目光。聽說就連楊貴妃也因此經常喜歡到虢國夫人這裡來，為的就是要來多看看小袁。

這麼一來，虢國夫人開始有些不安，深怕心愛的小袁會被人奪走，於是就開始限制小袁的行動，到最後甚至不讓他單獨行動，並且讓他獨自一個人住在一個屋子裡。

自從恢復人形以後，小袁還是每天都要吃藥草。當他開始獨自住在那間屋子以後，虢國夫人派了一個侍女，每天按時為小袁送去飲食和藥草。

這樣過了一段時間，有一天，小袁居然又莫名其妙的變成了「小猿」，他又變成一隻小猴子了！就連那個每天為他送飯的侍女也變成了猴子！

虢國夫人得到消息以後，非常驚駭，便命人趕快亂箭射死這兩隻猴子。

當「小袁」中箭倒地以後，形體又慢慢發生了變化——竟然變成了一個木頭人！

原來，自始至終都是一個木偶在作怪啊。

下面這個故事，可能會有一點「異味」。

故事背景也是在唐朝。

話說在京城長安有一個年輕人，名叫韋訓。

韋訓的佛緣頗深，年紀輕輕就一心向佛，特別喜歡研究佛經。

這天，因為正值假期，韋訓特別請了一位先生來家裡教他讀《金剛經》。不料，卻發生了怪事。

當時，韋訓正在先生的指導下讀經，突然看見一個非常非常高大、超乎常人高大的女子，身穿粉紅色的衣服，在外頭張望了一下，然後就翻牆進來了。由於她的身高至少有三丈，翻牆對她來說根本就不算什麼。

這個女巨人的動作很快，韋訓張口結舌，呆呆的看著她，還來不及做出任何反應，她就已經撲向了先生，扯住先生的頭髮，一把就把他拖到地上！

先生驚恐萬分，尖叫不已！

說時遲、那時快，怪物轉眼又已經騰出一隻手要來捉韋訓。此刻，懷裡正抱著《金剛經》的韋訓，在危急時刻，本能的就用那本厚厚的《金剛經》來打擊怪物。沒想到這招還真有用，怪物似乎還滿怕《金剛經》的，居然連連後退，韋訓就這樣乘機逃脫了。

怪物見拿不下韋訓，也不戀戰，丟下韋訓，抓起先生就跑了。附近的鄰里看到韋家出現了這麼一個怪物，都很見義勇為的抓著木棍之類的武器紛紛衝出來。

怪物東看西看，大概是看到包圍自己的人數眾多，無意再糾纏下去，把先生一把拋到一個糞堆前面就忽然不見了！

大家趕緊上前查看先生，只見先生渾身青一塊、紫一塊的，痛得直哼哼。

後來，因為那個怪物是在糞堆前消失的，有人便提議把這個糞堆刨開，看看下面是不是有什麼異物。
結果，挖了半天，挖出一個身穿粉紅衣裳的布偶。
眾人都一致認為，一定是這個布偶作祟，就一把火把布偶給燒了。
從此，就再也沒有發現什麼怪物的蹤跡了。

焦尾琴

也有些精怪，雖然是「精」，但是不害人，而且感覺上似乎還滿有靈性。

下面這個故事可以說是一個典型的例子。

在東漢靈帝時期，陳留人蔡邕因為多次上書奏事，所建議之事又都很不得皇帝的歡心，再加上後來得知自己遭到當權小人的憎惡，心灰意冷之餘，決定還是遠離朝廷，浪跡江湖去吧。

就這樣，蔡邕跑到了遙遠的吳會地區。

到了吳地之後，有一天，一個老漢為蔡邕燒柴做飯，當蔡邕一聽到那些木柴在火中劈劈啪啪的聲音，馬上大叫一聲：「慢著慢著，停下！停下來！」

說著，還迅速衝過來，搶下了那一塊木柴。

「怎麼啦？有什麼不妥嗎？」老漢看到蔡邕的舉動，覺得很奇怪。

蔡邕撫著那塊尾部已經被燒焦的木材，痛惜的說：「這是一塊上好的木材啊！——可以給我嗎？」

「當然可以，您要就拿去吧。」

老漢心想，這種桐木我們這裡很多呀，有什麼好稀奇的？

蔡邕看看老漢，從老漢的眼光中，他明白老漢的疑惑以及多多少少有些不以為然，但蔡邕什麼也沒有多說，只是搖搖頭，嘆息的抱著那塊被自己搶救下來的木材……

桐木這麼多，他要怎麼解釋才能夠讓老漢明白，不是每一塊桐木都很適合拿來製作成樂器呢？……

後來，蔡邕把這塊討來的桐木，經過適當的砍削之後，果真製成了一張琴，並且用這張琴彈奏出美妙無比的音樂。

由於琴的尾部還有些燒焦的部分，所以蔡邕就把這張琴取名為「焦尾琴」。

蔡邕是東漢末年著名的文學家，不僅擅長辭賦，還十分精通音律和書法。這個故事出自《搜神記》。那塊被蔡邕搶救下來的桐木，似乎就是有些精靈之氣，幸好它及時被蔡邕發現，要不然還不也就被當成是一塊普通的木柴給燒了；所以，想想這個故事似乎更重要的是在強調蔡邕有多麼的神、多麼的「通音律」？

金鉤妖怪

下面這個故事的精怪同樣頗通靈性，因為它居然會自己選主人。

從前，在長安有一個姓張的人。有一天，當他一個人獨自待在房間裡的時候，看到有一隻鳩從外面飛了進來，並且還逕自停在他的床上，睜著圓鼓鼓的小眼睛緊緊的盯著他，就像認識他似的。

大概是很少看到有什麼外頭的鳥居然會這麼不怕人，所以，這個人很快就聯想到這恐怕不會是一隻普通的鳩鳥。

他趕緊閉上眼睛，雙手合十，對著這隻鳩誠心禱告：「鳩呀鳩，如果你是要為我帶來災禍，就請你飛到天花板上，如果你是要為我帶來福祐，那就請你飛到我的懷裡來！」

話音剛落，那隻鳩似乎聽懂了他所說的話，竟然一頭就飛到了他的懷中！

這麼說，也就意味著這隻鳩是要為自己帶來好事？

他自然是驚喜交加。奇怪的是，當他一低頭想要去摸摸那隻鳩鳥的時候才發現——怪了，哪裡還有鳩的影子？

摸了半天，他摸到了一個金鉤。

他把金鉤捧在手裡仔細端詳，也不知道這個做工精緻的金鉤是方才那隻鳩鳥變的呢，還是那隻鳩鳥送給他的？

不管如何，由於這個金鉤的來歷是如此不凡，這個人從此當然是把金鉤當成了寶貝，隨身攜帶。

說也奇怪，自從有了這個吉祥物以後，他的家境還真的愈來愈好，到了他子孫的時候，資產甚至增加了上萬倍。

這個金鉤也就這樣成了他們家的傳家寶，就連地方上很多人都聽說過這個「張氏傳鉤」的故事。

後來，有一個蜀郡的商人來到長安，偶然間聽到了「張氏傳鉤」會帶來好運的故事，非常羨慕，後來竟慢慢產生了歹念——

這個商人拿了很多財物賄賂張家的婢女，指使婢女把這個充滿傳奇色彩的金鉤偷過來。

自從金鉤失竊以後，張家確實開始楣運當頭，不管做什麼都不順。

但是，那個偷金鉤的蜀郡商人呢？卻也沒有因為擁有金鉤以後就順風順水，相反的，還曾多次遭遇困厄。

後來，蜀郡商人有一個比較親近的友人知道這件事，頗為感慨的說：「老兄，看來這是天命啊，天命是不能強求的，你這樣做只不過是損人不利己罷了！」

經過友人不斷的勸告，這個蜀郡商人最終選擇主動把金鉤還給了張家。

據說，張家還真的又重新昌盛起來了。

國家圖書館出版品預行編目資料

中國妖怪故事：植物與器物篇／管家琪文；LOIZA圖．
--初版．--臺北市：幼獅，2015.07
面；　公分．--（故事館；035）

ISBN 978-986-449-005-9（平裝）
1.妖怪 2.通俗作品 3.中國

298.6　　104008839

・故事館035・

中國妖怪故事：植物與器物篇

作　　者＝管家琪
繪　　者＝LOIZA
出 版 者＝幼獅文化事業股份有限公司
發 行 人＝李鍾桂
總 經 理＝王華金
總 編 輯＝劉淑華
副總編輯＝林碧琪
主　　編＝林泊瑜
編　　輯＝周雅娣
美術編輯＝李祥銘
總 公 司＝(10045)臺北市重慶南路1段66-1號3樓
電　　話＝(02)2311-2832
傳　　真＝(02)2311-5368
郵政劃撥＝00033368

門市
・松江展示中心：(10422)臺北市松江路219號
電話：(02)2502-5858轉734　傳真：(02)2503-6601

印　　刷＝祥新印刷股份有限公司
定　　價＝250元
港　　幣＝83元
初　　版＝2015.07
書　　號＝987231

幼獅樂讀網
http://www.youth.com.tw
e-mail:customer@youth.com.tw

行政院新聞局核准登記證局版臺業字第0143號

幼獅文化公司／讀者服務卡／

感謝您購買幼獅公司出版的好書！
為提升服務品質與出版更優質的圖書，敬請撥冗填寫後（免貼郵票）擲寄本公司，或傳真（傳真電話02-23115368），我們將參考您的意見、分享您的觀點，出版更多的好書。並不定期提供您相關書訊、活動、特惠專案等。謝謝！

基本資料

姓名：……………………先生／小姐

婚姻狀況：□已婚 □未婚　職業：□學生 □公教 □上班族 □家管 □其他

出生：民國……………年……………月……………日

電話：（公）……………（宅）……………（手機）……………

e-mail：……………………

聯絡地址：……………………

1.您所購買的書名：**中國妖怪故事：植物與器物篇**

2.您通常以何種方式購書?：□1.書店買書 □2.網路購書 □3.傳真訂購 □4.郵局劃撥
（可複選）　□5.幼獅門市 □6.團體訂購 □7.其他

3.您是否曾買過幼獅其他出版品：□是，□1.圖書 □2.幼獅文藝 □3.幼獅少年
□否

4.您從何處得知本書訊息：□1.師長介紹 □2.朋友介紹 □3.幼獅少年雜誌
（可複選）　□4.幼獅文藝雜誌 □5.報章雜誌書評介紹……………報
□6.DM傳單、海報 □7.書店 □8.廣播(　　　　)
□9.電子報、edm □10.其他……………

5.您喜歡本書的原因：□1.作者 □2.書名 □3.內容 □4.封面設計 □5.其他

6.您不喜歡本書的原因：□1.作者 □2.書名 □3.內容 □4.封面設計 □5.其他

7.您希望得知的出版訊息：□1.青少年讀物 □2.兒童讀物 □3.親子叢書
□4.教師充電系列 □5.其他

8.您覺得本書的價格：□1.偏高 □2.合理 □3.偏低

9.讀完本書後您覺得：□1.很有收穫 □2.有收穫 □3.收穫不多 □4.沒收穫

10.敬請推薦親友，共同加入我們的閱讀計畫，我們將適時寄送相關書訊，以豐富書香與心靈的空間：

(1)姓名……………e-mail……………電話……………

(2)姓名……………e-mail……………電話……………

(3)姓名……………e-mail……………電話……………

11.您對本書或本公司的建議：

廣 告 回 信
臺北郵局登記證
臺北廣字第942號

請直接投郵 免貼郵票

10045 臺北市重慶南路一段66-1號3樓

幼獅文化事業股份有限公司

請沿虛線對折寄回

客服專線：02-23112832分機208 傳真：02-23115368

e-mail：customer@youth.com.tw

幼獅樂讀網http：//www.youth.com.tw